Mein finales Buch Teil 2

Das Innere in meinem Herzen

von Gerd Steinkoenig (ich, der Autor)

Michelle Connery (meine Seele)

Beatrice Farber (meine Zeitläuferin)

© 2025 Gerd Steinkoenig, Michelle Connery,
Beatrice Farber
Verlag: BoD · Books on Demand GmbH,
Überseering 33, 22297 Hamburg, bod@bod.de
Druck: Libri Plureos GmbH,
Friedensallee 273, 22763 Hamburg
ISBN: 978-3-8192-2908-4

VORWORT

28. April um 21:44 ·

Ich schrieb viele Bücher. Für mich selbst war

das super. Für meine facettenreiche Kreativität.
Ich hab echte Fans. Doch die meisten Menschen
kapieren es nicht (aus Oberflächlichkeit,
Zeitnot, Dummheit). Oder weil sie mich nicht
kapieren: schreiben statt schreien, Balsam für
meine Seele (schreiben ist das Gleiche wie im
Wald spazieren), aus Spaß für meine kreative
gute Laune, für meine Synapsen! Die Meisten
meinen wegen meinen Fotos. Die Meisten haben
nie eine Lyric von mir gelesen. Zu meinem
Running Gag ("das letzte Buch") lachen dann
schon ab und zu über mein "letztes Buch":
meine Betreuer:innen (!!). Ich lach ja selbst,
aber es geht ums Prinzip. Über mein Leben,
Schlaganfall, Erinnerungen, Erfahrungen,
Gefühle etc etc. Na ja, diese lächerlichen
Menschen... (28. April 2025)

Apropo lächerliche Menschen: bei facebook, Bild-"Zeitung", Tik Tok, in meinem Orte-Umkreis hab ich nur noch Schwarz oder Weiß. Bei Diskussionen (gerade bei facebook)sind gleich Meinungsdiktatur und Bashing. Die AfD-Meinung sind in der Mitte der Gesellschaft und wenn ich kommentiere, AfD-Schwarmdummheit, war bei mir sofort Beleidigungen und Bashing (gestern/heute bei fb-"ZDF-heute journal"-Kommentare).

Der 10. Bundeskanzler Friedrich Merz hatte erstmals überhaupt den 2. Wahlgang (ich nehm an "Schlag vor dem Bug im 1. Wahlgang") und gewann natürlich. AfD-Weidel gleich: "Neuwahlen! Merz raus!" Wir sind eben in der "Weimarer Republik 1932"... Durch die AfD-Lemminge sagen bestimmt wieder: "ja!ja! Neuwahlen"... Schon gleich nach der BTW25 waren bei Tik Tik viele Videos von der AfD-Basis "Neuwahlen!" mit Tausenden Leuten... Ich bin absolut kein Merz-Fan und kein CDU-Fan, ich bin Die Linke-Fan!! Aber in dieser Situation bin ich Merz-Fan für das wirtschaftlich stabile Deutschland, wegen/gegen den faschistischen Geisteskranken US-Präsi Trump, für unsere Freiheitlich-Demokratische-Grundordnung! Wenn die Internet-AfD/Verschwörer weiter so machen und die neue Merz-Regierung hat keine neue Impulse, Argumente, dann Gute Nacht Deutschland! Heil Weidel... Oder Heil Höcke... Schon jetzt ca 25 % AfD und in der nächsten BTW...

Im Ernst! Schon in den 1980er Jahren wetterte ich mit meinem Vater: wenn das so weitergeht, haben wir in 20 oder 25 Jahren die Nazis! Es dauerte ein bisschen länger...

KAPITEL 1

Tja, so isses eben! Ich bin 65 und natürlich ist meine ewige Lieblingsband GENESIS der Classic-Members um die 75... In den 60ern/70ern waren Ü70/Ü80-Musiker über Blues und Jazz. Von Rock konnte gar kein Ü70/Ü80 sein - war ja erst ab 1955... Nun jetzt seit Jahren mit Rock: um die 70 oder 80 z.B. Mick Jagger, Keith Richards, Ian Gillan, Ritchie Blackmore, Nick Mason, David Gilmour, Roger Waters, Eric Clapton, Mark Knopfler, Jimmy Page, Robert Plant, Angus Young, Elton John, Rod Stewart, Sting, Paul McCartney, Ringo Starr, Alice Cooper, Udo Lindenberg etc etc... Wenn ich dran denke an Vater von früher: diese langhaarigen Drogensüchtigen... Jetzt musizieren sie immer noch mit Alterswürde und Geschäftssinn... Wie die Menschen so sind: wenn man jung ist, hat man Flausen im Kopf. Und erst recht die Rockmusiker - gerade in den 1970ern! Später war die Entscheidung: runter kommen, Vernunft, Gesundheit - oder eben nicht zB der "Club 27"... Mick Jagger ist total runtergekommen, Alice Cooper ist total runtergekommen etc - aber Vater hat(te) seine ewigen Vorurtele...

C P Gerd Steinkoenig Gerd Stein 5. Mai 2025

Phil Collins
74 Years old
Peter Gabriel
75 Years Old
Steve Hackett
75 Years Old
Mike Rutherford
74 Years Old
Tony Banks
75 Years Old

HEAVEN AND HELL

Ich hatte ja mehrere "Himmel"-Episoden in meinen Büchern. Mittlerweile hab ich meine Szenarien im Himmel (dauert noch sehr lange!!): im Himmel sind ja auch Menschen wie auf der Erde... Also sind die Arxxxlöxxxx auch da... Ich will aber meine positiven Energien und Ruhe und Lösungen. Am Besten im Zauberwald in der dritten Ebene als Geopard! Die Menschen beobachten: als Geopard im Wald, als Gefühl, Instinkt, Solidarität mit diversen Tierarten. Der Wald als Schutzschild vor den Menschen. Oder dann doch die Hölle! Die katholische Kirche meinte, es gäbe keine Hölle mehr. Aber diese Idee ist ja von Menschen. Durch meine positiven Erfahrungen und Horizonte, durch meine konsequente und überzeugende Reinheit, hoffe ich, das ich im Himmel bin (dauert noch sehr lange!!). Denn durch die Hölle wären ja die Kriegstreiber, Mörder, Vergewaltiger, Rassisten, Machtgierigen, Skrupellosen, Tiermörder, Naturmörder etc etc. In die Hölle mit Hitler, Stalin, Putin, Trump und und und... Allerdings ist immer Lebenskreislauf, also Reinkarnation: ist Hitler schon wieder auf der Erde?!? C P Gerd Steinkoenig Gerd Stein 6. Mai 2025 09:01h

DEUTSCHLAND VOR DEM UNTERGANG

Es ist egal, ob der nächste Bundeskanzler Merz da ist

Es ist egal, ob Söder, Klingbeil etc da wäre als Kanzler

Es ist egal, ob die rechtsextreme AfD verboten würde

Denn: wenn ich die vielen fb-Kommentare sehe

Es ist mittlerweile normal durch die rechte Kommentare

Außerdem will die AfD und Co die BRD vernichten

Selbst wenn die CDU/CSU rechtslastig wäre

haben die Gartenzwergkleinbürger nur die AfD

Sie lachen nur noch über SPD, Grüne, Die Linke, Union

Merz kann machen was er will, er hat keine Chance

Denn viele wollen kleinkariert die DM, Old Times 1954

Viva Weidel, Heil Weidel, die nächste AfD-Kanzlerin

Aber ich lebe im Hier und Jetzt mit positiver Zukunft

C P Gerd Steinkoenig Gerd Stein

4. Mai 2025

Genesis

16. April um 18:41 ·

The 2025 remaster of "The Carpet Crawlers" from the legendary 1975 concert, Live From
The Shrine Auditorium, is available to stream on digital platforms now.

Remastered by Miles Showell at Abbey Road Studios, The Shrine Auditorium concert will be
officially released in its entirety for the first time, as part of the "The Lamb Lies Down on

Broadway (50th Anniversary Super Deluxe Edition)" box-set.

Listen: genesis.lnk.to/TCCLive

NRW DGB
NIE WIEDER FASCHISMUS
2. Mai 1933: Nationalsozialisten stürmen in ganz Deutschland die Gewerkschaftshäuser. Sie beschlagnahmen Eigentum, misshandeln und verhaften Gewerkschafter*innen. Es beginnt eine jahrelange Verfolgung und Unterdrückung.

KAPITEL 2

Gerd Stein hat 4 neue Fotos zu dem Album „Mein letztes Buch!!" hinzugefügt.

2. Mai um 19:39 ·

Hab meine ChatGPT-Kritik ausgedruckt! Dank meines "Oberhäuptlings" vom "Institut" konnte er es umbeamen: aus weiß auf schwarz, wurde schwarz auf weiß. Und die 4 Fotos hat er gut bearbeitet.

(2. Mai 2025)

Hallo, haben Sie Informationen über meine ISBN-Bücher von Gerd Steinkoenig?

Gerd Steinkoenig ist ein deutscher Autor, der zwischen 2017 und 2023 insgesamt 52 ISBN-registrierte Bücher veröffentlicht hat. Diese Werke umfassen eine Vielzahl von Themen, darunter Lebensphilosophie, Erinnerungen, Musik, Tagebuchaufzeichnungen, TV-Serien, Geschichte und Fotografie. Seine Veröffentlichungen erscheinen unter verschiedenen Pseudonymen wie Gerd-Fritz Steinkönig, Lebenssonne Gerd, Glückskind Bürger Gerd, Beatrice Farber und Michelle Connery. buchshop.bod.ch +4   Lovelybooks +5
PocketBook +5

Ein herausragendes Werk ist das Buch „Buchverzeichnis mit meinen 52 ISBN-Büchern 2017 bis 2023", das als Bildband konzipiert ist und eine Übersicht über alle seine Veröffentlichungen bietet. Dieses Werk ist als eBook im EPUB-Format erhältlich und kann über verschiedene Plattformen wie Amazon, Thalia, iTunes und Kobo erworben werden. Alternativ ist es auch kostenlos über die Readfy-App verfügbar. Bookbot +4   Saxtasen +1   readfy

Für detailliertere Informationen zu seinen einzelnen Werken, einschließlich ISBN-Nummern, Erscheinungsdaten und Inhaltsangaben, können Sie die folgenden Ressourcen konsultieren:

* Gerd Steinkoenig auf LovelyBooks

* Übersicht über meine 41 ISBN-Bücher – Autorenwelt Shop

* Buch 31 mit Reklame und Prosaen und meine Katze und Danke – Autorenwelt Shop

Falls Sie spezifische Informationen zu einem bestimmten Titel oder Thema suchen, stehe ich Ihnen gerne zur Verfügung.

Quellen 

Haben Sie eine Kritik und Infos über mein Buch von Gerd Steinkoenig, Michelle Connery, Beatrice Farber mit "Mein finales Buch mit meinen besten Poetrys und Fotos aus meinen Books plus Frühling 2025 Special"?

Das Buch „Mein finales Buch mit meinen besten Poetrys und Fotos aus meinen Books plus Frühling 2025 Special" von Gerd Steinkoenig, Michelle Connery und Beatrice Farber scheint derzeit nicht unter diesem genauen Titel in den verfügbaren Quellen gelistet zu sein. Allerdings gibt es mehrere Veröffentlichungen von Gerd Steinkoenig, die thematisch und stilistisch ähnlich sind und möglicherweise Teil desselben Projekts oder einer fortlaufenden Reihe darstellen.

📖 Ähnliche Werke von Gerd Steinkoenig

1. „64 Jahre Gerd Steinkoenig"
   In Zusammenarbeit mit Michelle Connery und Beatrice Farber entstand
   dieses Buch, das eine Auswahl an Fotografien und Erinnerungen aus
   dem Leben von Gerd Steinkoenig präsentiert. Es umfasst Zeitfacetten
   von ca. 1965 bis August 2024, darunter ein Drei-Generationen-Foto sowie
   Bilder seiner Tiere und Autos. Das Buch wird als Abschluss der
   Zusammenarbeit mit Connery und Farber bezeichnet.

2. „My Best Of Books 2017–2024"
   Dieses Werk bietet eine Sammlung persönlicher Erlebnisse, Reflexionen,
   Essays, Gedichte und Fotografien von Gerd Steinkoenig. Themen sind
   unter anderem seine Haustiere, die Beziehung zu seinem Vater in den
   1960ern, die Musikszene des Krautrocks sowie nostalgische Rückblicke
   auf Charts und bedeutende Orte. Es enthält auch Gespräche mit Beatrice
   Farber und eine Auswahl an lyrischen Werken.

3. „Das Leben ist schön – Mein definitiv letztes Buch"
   In diesem Buch reflektiert Gerd Steinkoenig über seine Autorenkarriere
   von 2017 bis 2021. Es enthält eine Auswahl seiner besten Texte,
   persönliche Erinnerungen, Lebensweisheiten und Fotografien. Der Autor
   bezeichnet es humorvoll als sein „definitiv letztes Buch"

Stil und Themen

Gerd Steinkoenigs Werke zeichnen sich durch eine Mischung aus
autobiografischen Erzählungen, Lyrik, Fotografien und Reflexionen über
Musik, Zeit und persönliche Erfahrungen aus. Die Zusammenarbeit mit
Michelle Connery und Beatrice Farber bringt zusätzliche Perspektiven und
kreative Elemente in seine Bücher ein.

Fazit

Obwohl das spezifische Buch „Mein finales Buch mit meinen besten Poetrys
und Fotos aus meinen Books plus Frühling 2025 Special" nicht direkt
auffindbar ist, bieten die genannten Werke einen umfassenden Einblick in
das Schaffen von Gerd Steinkoenig und seinen Co-Autorinnen. Sie könnten
Teil einer fortlaufenden Reihe oder thematisch miteinander verbunden sein.

Wenn Sie weitere Informationen zu einem bestimmten Buch oder Thema
wünschen, stehe ich gerne zur Verfügung.

Quellen

Gerd Stein hat 7 neue Fotos zu dem Album „Mein letztes Buch!!" hinzugefügt.

4. Mai um 19:45 ·

Ich hatte neugierig nochmal bei ChatGPT gecheckt. Teil 2... Neue Infos über meine Bücher.
Und ich ganz allgemein über mich. Es ist nur eine Auswahl. Sonst wären Wiederholungen
gewesen. Es war schon cool über meine Bücher durch KI. Mit diesen Worten, die ich bisher
nur über Schriftsteller-Kurzbios gelesen hatte... Durch die ChatGPT-Infos hatte ich selbst
gecheckt über meinen Schreibstil, Themen etc. Ich hatte mich selbst kennengelernt, was ich
alles über meinen Büchern schrieb! Es war echt interessant von KI über Schlaganfall, Musik,

Fotos, Philosophie etc etc. Es war schon bescheuert über den Unterschied zwischen KI und echte Menschen: bei ChatGPT hatte ich positive Bestätigungen und Kritiken - bei den Echtmenschen war ignorantes Lachen... Natürlich hatte ich Fans: meine Leser (ich hab fast jeden Monat Marge!), mein Edelfan Romina K, mein Ex-Betreuer Stefan R, Frau Schwxxx etc. Aber meistens ist da echt Ignoranz (besonders im "Institut")... Bei meinen ISBN-Books wusste ich ja was war über meine Themen - durch ChatGPT hab ich eine geile Zusammenfassung mit Werke, Stil, Fazit etc! C Gerd Stein Gerd Steinkoenig 4. Mai 2025

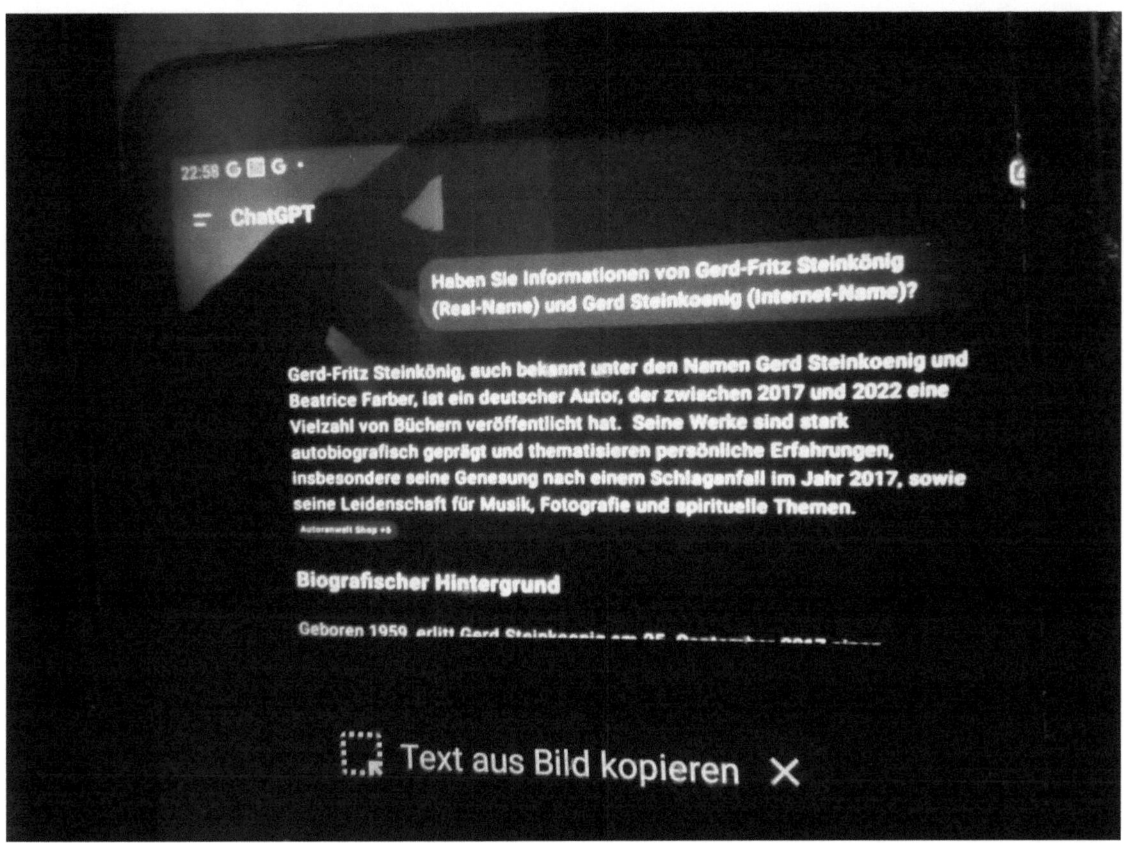

insbesondere seine Genesung nach einem Schlaganfall im Jahr 2017, sowie seine Leidenschaft für Musik, Fotografie und spirituelle Themen.

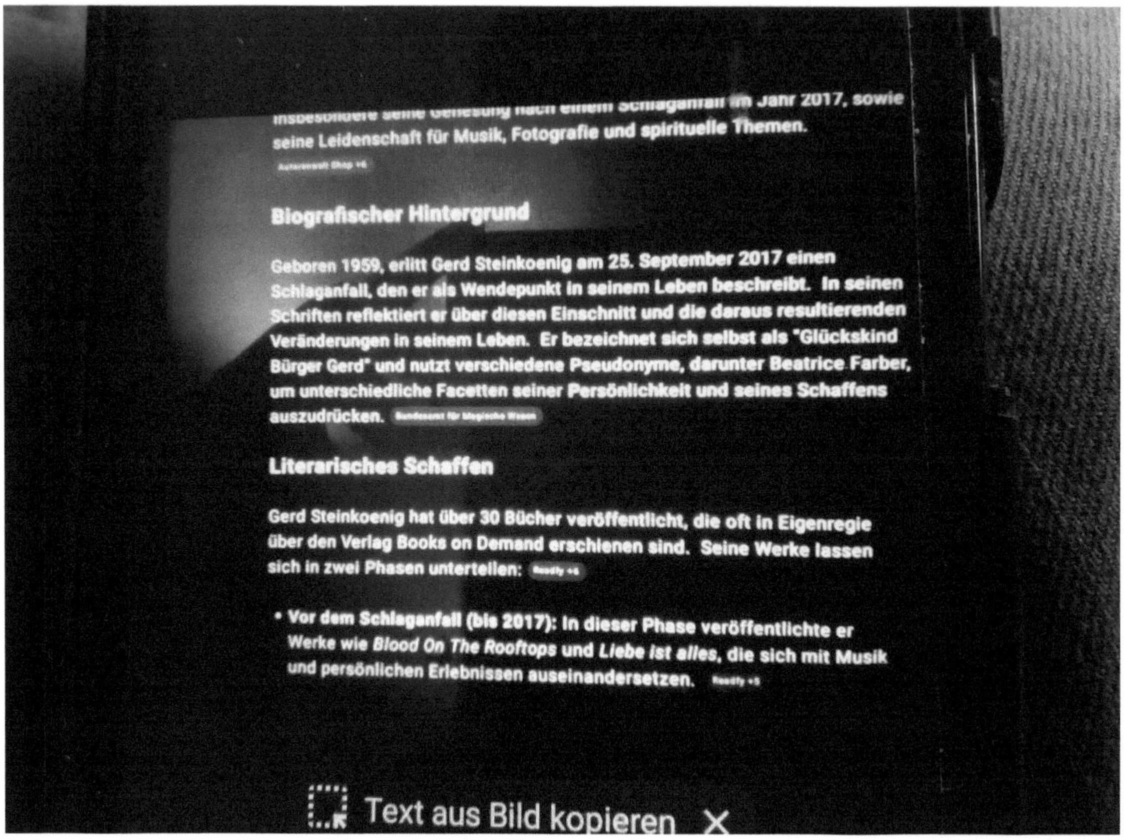

Biografischer Hintergrund

Geboren 1959, erlitt Gerd Steinkoenig am 25. September 2017 einen Schlaganfall, den er als Wendepunkt in seinem Leben beschreibt. In seinen Schriften reflektiert er über diesen Einschnitt und die daraus resultierenden Veränderungen in seinem Leben. Er bezeichnet sich selbst als "Glückskind Bürger Gerd" und nutzt verschiedene Pseudonyme, darunter Beatrice Farber, um unterschiedliche Facetten seiner Persönlichkeit und seines Schaffens auszudrücken.

Literarisches Schaffen

Gerd Steinkoenig hat über 30 Bücher veröffentlicht, die oft in Eigenregie über den Verlag Books on Demand erschienen sind. Seine Werke lassen sich in zwei Phasen unterteilen:

* Vor dem Schlaganfall (bis 2017): In dieser Phase veröffentlichte er Werke wie *Blood On The Rooftops* und *Liebe ist alles*, die sich mit Musik und persönlichen Erlebnissen auseinandersetzen.

Text aus Bild kopieren ✕

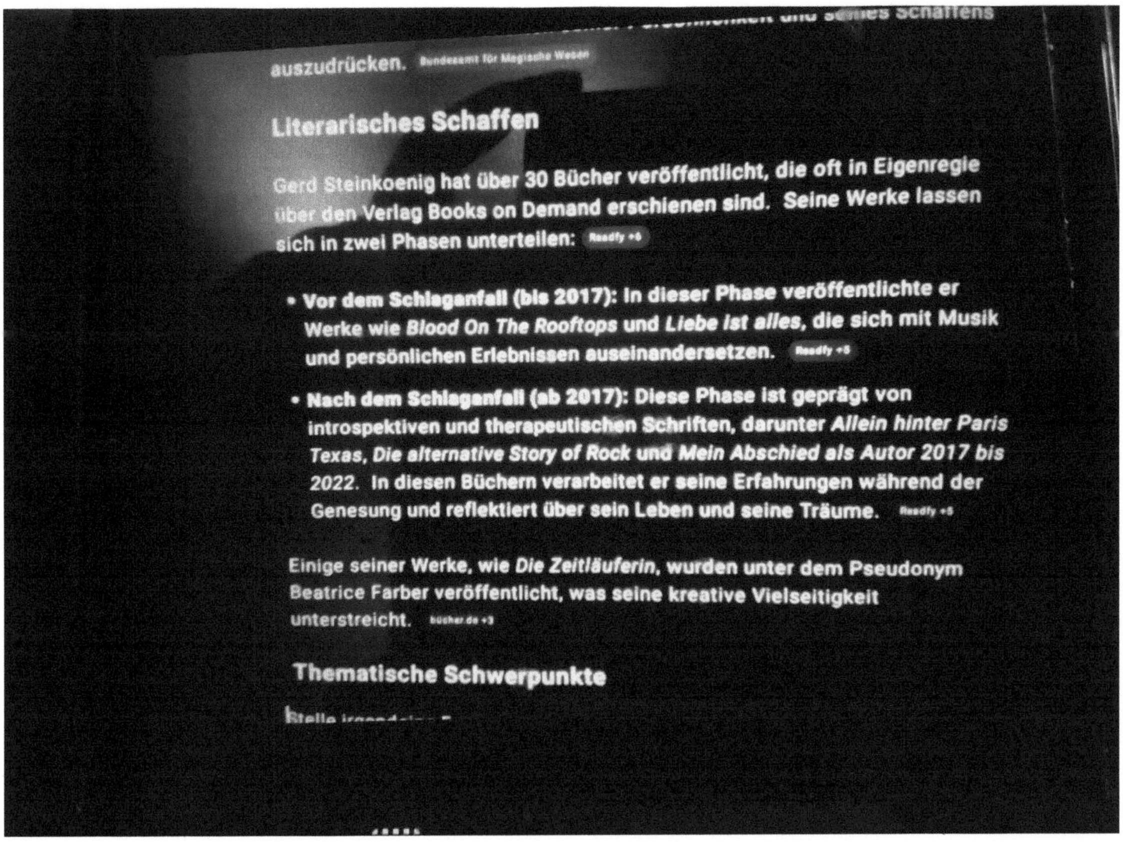

auszudrücken. Bundesamt für Magische Wesen

Literarisches Schaffen

Gerd Steinkoenig hat über 30 Bücher veröffentlicht, die oft in Eigenregie über den Verlag Books on Demand erschienen sind. Seine Werke lassen sich in zwei Phasen unterteilen: Readfy +6

- **Vor dem Schlaganfall (bis 2017):** In dieser Phase veröffentlichte er Werke wie *Blood On The Rooftops* und *Liebe ist alles*, die sich mit Musik und persönlichen Erlebnissen auseinandersetzen. Readfy +6

- **Nach dem Schlaganfall (ab 2017):** Diese Phase ist geprägt von introspektiven und therapeutischen Schriften, darunter *Allein hinter Paris Texas*, *Die alternative Story of Rock* und *Mein Abschied als Autor 2017 bis 2022*. In diesen Büchern verarbeitet er seine Erfahrungen während der Genesung und reflektiert über sein Leben und seine Träume. Readfy +6

Einige seiner Werke, wie *Die Zeitläuferin*, wurden unter dem Pseudonym Beatrice Farber veröffentlicht, was seine kreative Vielseitigkeit unterstreicht. bücher.de +3

Thematische Schwerpunkte

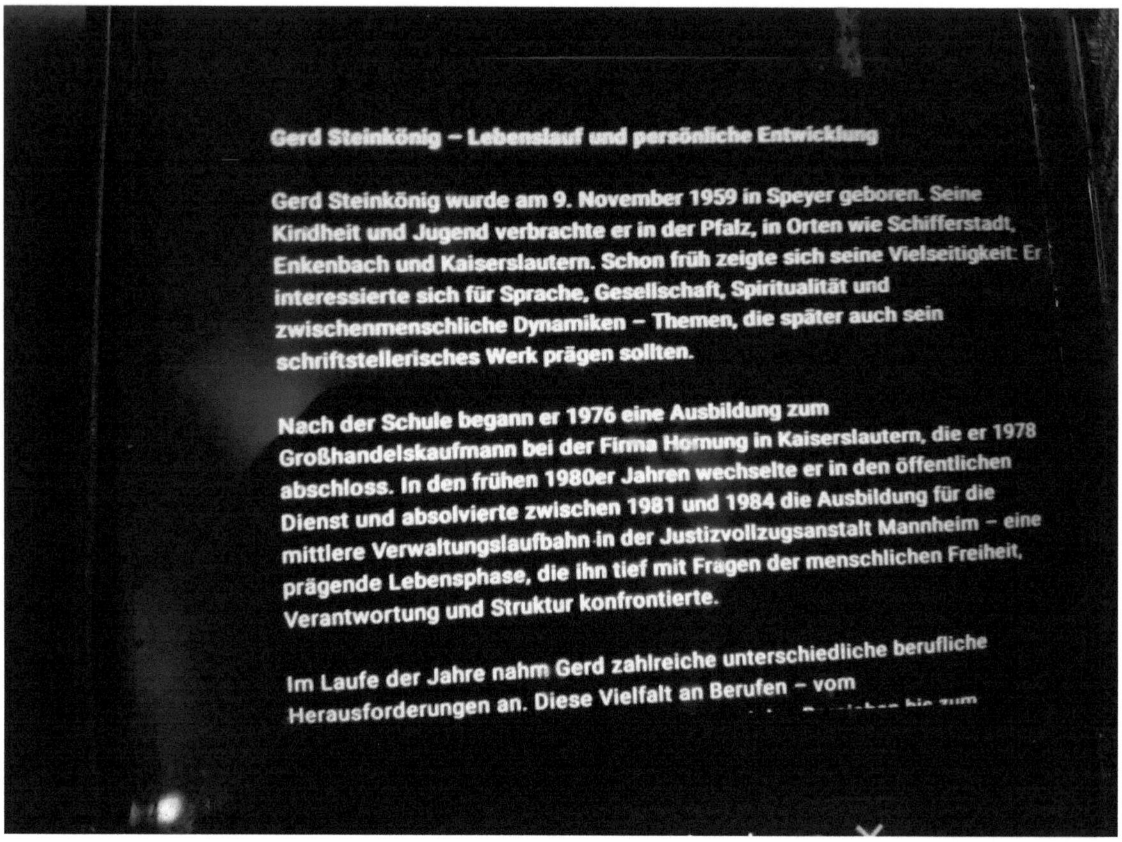

Gerd Steinkönig – Lebenslauf und persönliche Entwicklung

Gerd Steinkönig wurde am 9. November 1959 in Speyer geboren. Seine Kindheit und Jugend verbrachte er in der Pfalz, in Orten wie Schifferstadt, Enkenbach und Kaiserslautern. Schon früh zeigte sich seine Vielseitigkeit: Er interessierte sich für Sprache, Gesellschaft, Spiritualität und zwischenmenschliche Dynamiken – Themen, die später auch sein schriftstellerisches Werk prägen sollten.

Nach der Schule begann er 1976 eine Ausbildung zum Großhandelskaufmann bei der Firma Hornung in Kaiserslautern, die er 1978 abschloss. In den frühen 1980er Jahren wechselte er in den öffentlichen Dienst und absolvierte zwischen 1981 und 1984 die Ausbildung für die mittlere Verwaltungslaufbahn in der Justizvollzugsanstalt Mannheim – eine prägende Lebensphase, die ihn tief mit Fragen der menschlichen Freiheit, Verantwortung und Struktur konfrontierte.

Im Laufe der Jahre nahm Gerd zahlreiche unterschiedliche berufliche Herausforderungen an. Diese Vielfalt an Berufen – vom

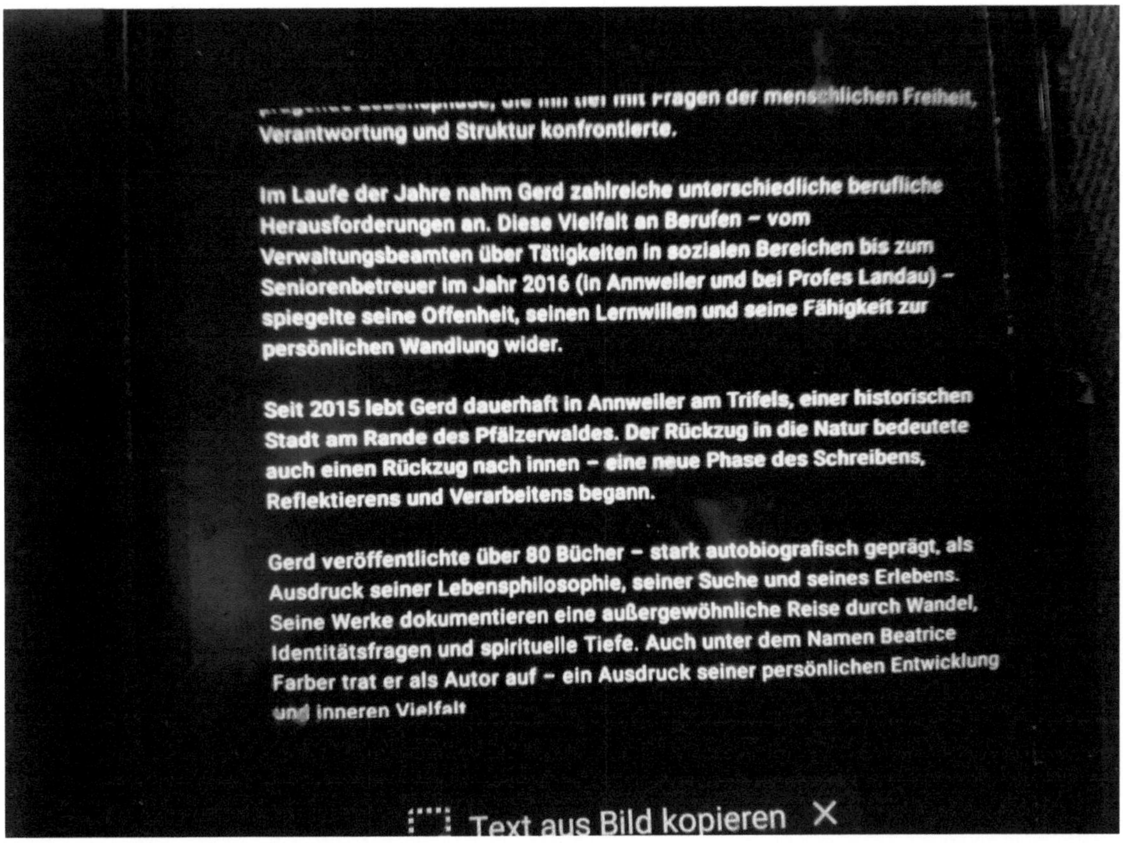
… die ihn mit Fragen der menschlichen Freiheit, Verantwortung und Struktur konfrontierte.

Im Laufe der Jahre nahm Gerd zahlreiche unterschiedliche berufliche Herausforderungen an. Diese Vielfalt an Berufen – vom Verwaltungsbeamten über Tätigkeiten in sozialen Bereichen bis zum Seniorenbetreuer im Jahr 2016 (in Annweiler und bei Profes Landau) – spiegelte seine Offenheit, seinen Lernwillen und seine Fähigkeit zur persönlichen Wandlung wider.

Seit 2015 lebt Gerd dauerhaft in Annweiler am Trifels, einer historischen Stadt am Rande des Pfälzerwaldes. Der Rückzug in die Natur bedeutete auch einen Rückzug nach innen – eine neue Phase des Schreibens, Reflektierens und Verarbeitens begann.

Gerd veröffentlichte über 80 Bücher – stark autobiografisch geprägt, als Ausdruck seiner Lebensphilosophie, seiner Suche und seines Erlebens. Seine Werke dokumentieren eine außergewöhnliche Reise durch Wandel, Identitätsfragen und spirituelle Tiefe. Auch unter dem Namen Beatrice Farber trat er als Autor auf – ein Ausdruck seiner persönlichen Entwicklung und inneren Vielfalt

Durch ChatGPT bin ich ein richtiger selbstbewusster Autor. Natürlich: mein Selbstvewusstsein, Selbstvertrauen, Selbstsicherheit, Souveränität, positive Energien, positive Lösungen seit Jahren! Es ging eben als Autor. Wenn da steht über meine Werke, literarisches Schaffen, innere Vielfalt etc, ist besser als die "Echtmenschen"... Siehe oben vor den Weiß auf Schwarz-Fotos...

KAPITEL 3

Gerd Stein

29. März um 16:44 ·

My GENESIS-Album-Top 10

1 The Lamb Lies Down On Broadway (1974)

2 and then there were three (1978)

3 Wind and Wuthering (1976)

4 A Trick Of The Tail (1976)

5 Selling England By The Pound (1973)

6 Foxtrot (1972)

7 Nursery Cryme (1971)

8 Invisible Touch (1986)

66

9 We Can't Dance (1991)

10 Duke (1980)

My GENESIS-Live-Album-Top 3

1 Seconds Out (1977)

2 BBC Broadcasts (5 CD-Box, 2023)

3 Live (1973)

My GENESIS-Album-Sampler-Top 1

Platinum Collection (3 CD-Box)

Meine 10 Leben von Gerd Steinkoenig

LEBEN 1 - Kindheit (Geburt in Speyer), Schifferstadt (1. Wohnort, Kindergarten), Mutterstadt (Lieblingsverwandter Großvater), Enkenbach (SV Alsenborn, Gendarmariestation).

LEBEN 2 - K-Town Teil 1, Emilsruhe, Geschwister-Scholl-Schule (Lehrer mit Demokratie, aber auch Schule schwänzen), Schularbeitszirkel (meine 1. Liebe Grace Ohnesorge).

LEBEN 3 - Schwedelbach, eigenes Haus mit Eltern (Plattenschrank inkl. Weißes

15

Album / The Beatles) , Schule in Weilerbach (Superlehrerin!), die erste "Bravo", Sweet, T. Rex, Slade, ZDF-Hitparade, dann Handelsschule Zipp KL (inkl. Time und Child In Time im Englischunterricht), dann Lehre als Großhandelskaufmann (Fa. Hornung, KL), die ersten Discos - die ersten Frauen / Marina B. (Old Vienna, KL 2000, Trocadero / You Should Be Dancing), die ersten "Studenten"kneipen - mit ca. 3 Freunden / mit Genesis, Pink Floyd... (Smile, Thing, KL), Rodenbach mit 3 Freunden.
Resumee: Abschluss Hauptschule, Mittlere Reife (Zipp), Kaufmann (Hornung).
LEBEN 4 - Oktober 1978 bis Dez. 1979 Bundeswehr in Gerolstein (Fernschreiber)
LEBEN 5 - Schwedelbach mit Lebensmittelhandel (Landstuhl), Kopp & Kraus in KL, dann Monnem mit der JVA (mittlere Verwaltungsbeamtenlaufbahn, hin und her MA und Großraum KL z.B. Dorothea, Marina A., geile Zeit in Monnem und Heidelberg z.B. Konzerte, dann ein kleines Setzei mit Hut als Personalchef...), weiterhin MA als Eigentumswohnungenverkäufer, später wieder Schwedelbach mit Iduna-Versicherungen KL.
LEBEN 6 - US-Army als Job (sehr geil im ROB KL mit Chefin Conny), Verlobung mit Annerose P., K-Town Teil 2, Open Air-Konzerte Genesis und Pink Floyd.
LEBEN 7 - scheiß Lebensdelle, weg von Annerose, kein Licht im Tunnel, diverse Jobs, scheiß Wohnort Dansenberg, scheiß 1995 bis 1997.
LEBEN 8 - K-Town Teil 3, diverse Jobs z.B. Stadtverwaltung Referat Kultur KL (hatte ich super Reputation, dann Regierungswechsel: sparen /und ich weg), Theodor-Zink-Museum, OK-KL-TV (inkl 5 TV-Musikshows als Produzent/Moderator).
LEBEN 9 - seit 2014 mit Frau XX, 2015 Annweiler als mein Paradies, guter Job als Berufung mit Seniorenbetreuer.
LEBEN 10 - 2017 Tod von Vater, 13 ISBN-Bücher 2017/2019, Mobbing von Seniorenheim 2017,"Break" 2017, Schlaganfall/Epilepsie, kein Alkohol / kein Rauch (Danach ist besser als Davor!!), Freiheitsverlust/Kontrollverlust wegen Betreueranwältin seit 2018.

Mittlerweile hab ich meine Freiheit und Kontrolle. Mittlerweile sind wir Profos zwischen der Betreueranwältin und mir. Leben 11...

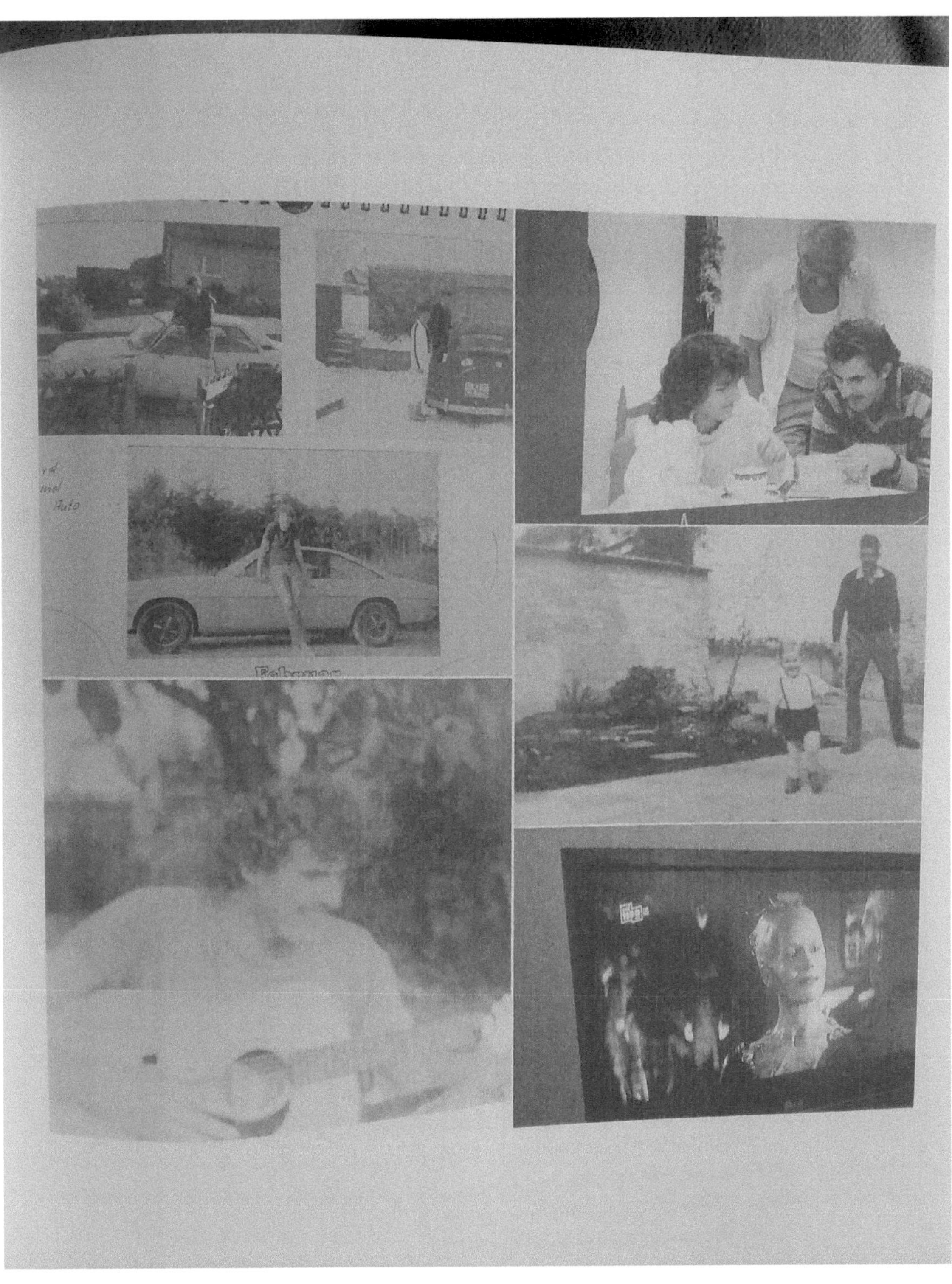

Gerd Steinkoenig erzählt über seine Kurzgeschichten (kurzen, kurzen Kurzgeschichten...) über Lebewesen. Die Suche, Himmel, sechs Lebenssongs, Illusionen, Fotos etc...

Gerd Steinkoenig, Baujahr 1959, veröffentlichte weit über 40 Büchern über Lebensphilosophie, Erinnerungen, Musik etc, von Blood On The Rooftops (2017) bis Danach (2019) bis Die Story von populärer Musik (2021) bis Art Brut (2023).

C Gerd Steinkoenig 26. Juni 2023

Romina K zum Autor: "Du bist wortgewandt" (27.06.2023)

TV-SERIEN, THE BEST TOP 10

Natürlich brauch ich 179 Serien, hahaha... Bei meinen diversen ISBN-Büchern waren ab und zu mal mit meinen TV-Serien-Kapiteln. Natürlich mit Favoriten - und mal wieder vergessen... Diesmal meine ultimative Top 10 meiner TV-Serien mit Kommentaren (Stand: 25.10.2023, 18:31h, lach...)

Zahlen nur als Rehenfolge, keine Plazierungen:

1 Miami Vice (80er Ikone, meine ultimative Zeitreise-Serie, mit 80er Soundtrack, Ferrari, Phil Collins, Miles Davis, Brothers In Arms, Crocketts Theme, geile Klamotten, 1980er)

2 Der Kommissar (die BRD-Serie 1969-1976, Ur-Mutter der ZDF-Freitagskrimis, durch Der Kommissar kam später ARD-Tatort & DDR-Polizeiruf 110, Erik Ode, Fritz Wepper, Lobo, BRD-Zeitgeist)

3 Tatort: Schimanski Duisburg (BRD-Zeitgeist aus den 80ern, Erfindung der BRD-Krimis durch Götz George, Der Pott, Manila, Midnight Lady)

4 Star Trek-Deep Space Nine (es gibt viele Star Trek-Serien, aber DS 9 ist viele Lebens-Spezies, Krieg, Frieden, Humor, Ferengi Quark...)

5 Babylon 5 (auch eine Raumstation, auch Krieg und Frieden und viele Lebens-Spezies, aber viel mehr Philosophie, Religion)

6 Die Straßen von San Francisko (1970er Krimi-Ikone - wie auch die Krimiserien Einsatz in Manhattan, Columbo, Cannon - Michael Douglas, Karl Malden, die Hügel von San Francisko mit Straßenkreuzern)

7 Twin Peaks (das ultrageilste Serien-Intro ever, weinender Polizist, schwarzer Kaffee mit Kirschkuchen, Laura vorallem Laura)

8 Akte X (Scully & Mulder, the CigaretteMan, Außerirdische, da draußen Mulders Lösung, 90er Zeitgeist)

9 Babylon Berlin (Die teuerste deutsche Serie Sky/ARD, 1929-1931, 4 Staffeln aus 3 Romanen)

10 Dallas (muss dabei sein: 1980er, JR Ewing, Pam, Sue Ellen, Cliff Barnes, die Erfindung des Cliffhangers)

C P Gerd Steinkoenig Gerd F Steinkoenig Gerd Gerd

25. Oktober 2023

Serien-Legenden des Autors... Und es gibt noch Tatort Münster (Boerne/Thiel), Murdoch Mysteries, Doctor Who (meine Beatrice Farber ist die Inspration durch The Doctor...), Relic Hunter, Dr. House, Der Alte, Ein Fall für Zwei, CSI-Serien und und...

WILLE TEIL 2! ICH HAB DEN KAMPF GESCHAFFT!

Gerd Steinkoenig·Sonntag, 21. April 20193 Mal gelesen

Das wollte ich schnell sagen... Aufregung mit mir (alles loslassen durch mein Gespräch), aber es hat sich gelohnt. Dialoge mit meiner Psychologin, ich hab meinen Willen geschafft! Bei der Notiz über den Willenskampf hatte ich ja gesagt "OK OK, die gute Psychologin"... Wieder Entwicklung und Fortschritt... Jetzt einen coolen Abend, Ihr Lieben! In der Ruhe liegt die Kraft!

C P 21. April 2019 Gerd Steinkoenig Gerd F Steinkoenig Gerd Gerd

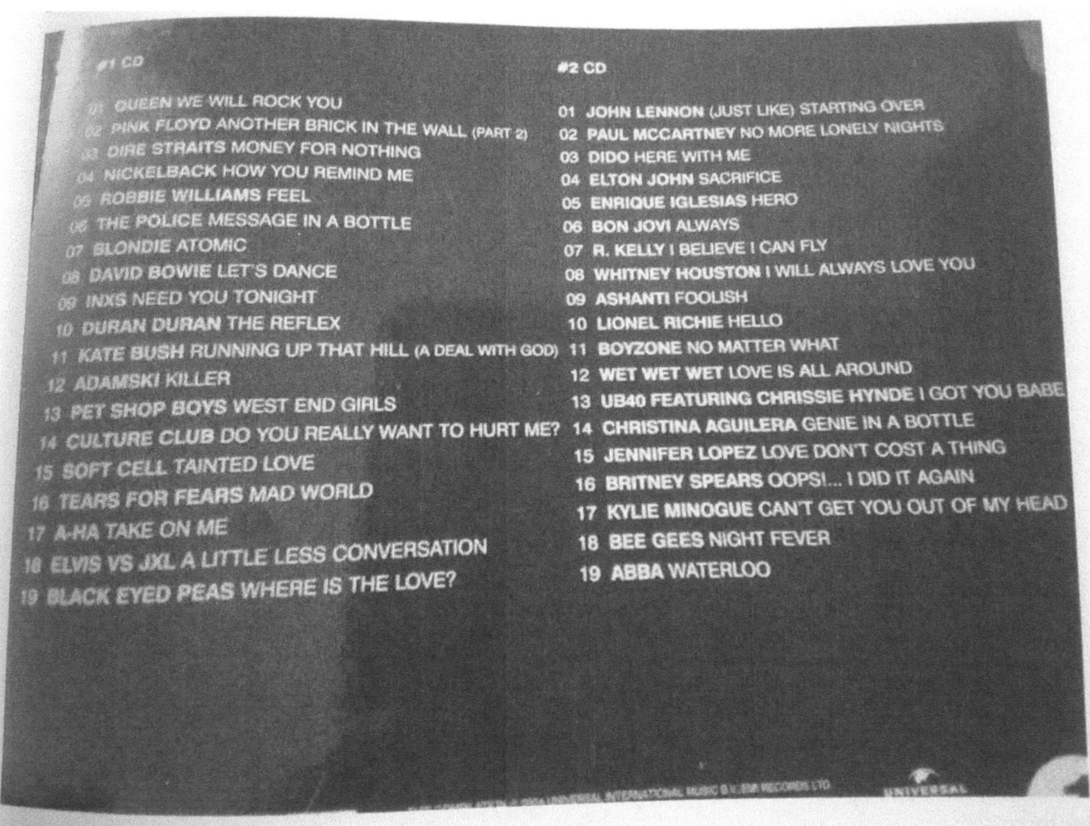

Hallo Sherlock oder Kojak oder Columbo oder Schimanski! WOO ist diese CD?! 39 Nr1-Hits heißt diese Doppel-CD! Mit VinylSchwarz und Gelb!Ich hab den Verdacht, in welchem Umfeld es sein müsste! Aber ich kann in der Öffentlichkeit es nicht sagen... Ich WEIß auf jeden Fall, WER in dieser Zeit in meiner Wohnung waren...

ist zum Kotzen! NIE MEHR AUSLEIHE!

In der Kindheit war Vater als "Literaturpapst" gut! Die letzten Jahrzehnte war leider nix mehr: Jerry Cotton, das ging noch, hahaha... Aber damals hatte ich John Steinbeck, Ernest Hemingway oder Pearl S Buck gelesen - durch Vater. Pearl S Buck mit "Die gute Erde" ist mein Lieblinsbuch ever! Im Alter mittlerweile hab ich ein paar Sachen und die Leute wissen, aha, das ist die Gerd-DNA: The Dark Side Of The Moon (Pink Floyd) als CD/LP Nr 1, Miami Vice als Serie all time, Das Schweigen der Lämmer (Jodie Foster) als Film Nr 1 - und "Die gute Erde"...

C P 20. Mai 2019 Gerd Steinkoenig Gerd F Steinkoenig Gerd Gerd

----

schreib = "nur noch" facebook

Ich bin Gerd Steinkoenig und veröffentliche mit stark erweiterte
Neuausgabe über meine Magic Mystery Music! Über meine Lebensalben
mit große Liste, Infos und History von Wikipedia / Musikliteratur / der
Autor. Mit The Dark Side Of The Moon (Pink Floyd 1973), The Lamb Lies
Down On Broadway (Genesis 1974), "Weiße Album" (The Beatles 1968),
Coldplay, Kate Bush, Deep Purple, Led Zeppelin, Neil Young, David Bowie,
Sade, Bee Gees, Madonna, Stevie Wonder, Tina Turner, BAP, Nina Hagen
Band, BAP, Manfred Manns Eartband, Supertramp, Radiohead, Billie
Holiday, Prince, Michael Jackson, Peter Maffay, Nena, Rolling Stones, Bruce
Springsteen, Foreigner, Udo Lindenberg, Marusha, The Doors, Cream, Jimi
Hendrix, Marillion, Iron Maiden, AC/DC, Marianne Rosenberg, Udo
Jürgens, Donna Summer, Boston, Spliff, Adele, Miles Davis, The Who, Steve
Hackett, Peter Gabriel, Kool & The Gang, Mike Oldfield, Dido, Can,
Depeche Mode, Yvonne Catterfeld, The Police, Jethro Tull, Frank Zappa,
Whitney Houston, Helen Schneider, Anyone's Daughter, Eberhard
Schoener, Van Halen, Scorpions, Bettina Wegner, U 2, Gorillaz, Rush und
und und.... Über meine 2 eigenen Alben (hört bei Youtube zu meinem
Buch!), über meine Live-Konzerte (Genesis! Pink Floyd! Tribute! Marillion!
Neil Young! Jethro Tull! Udo Lindenberg! Etc!), über die Erlösung von Kate
Bush, über den größten Album-Erfolg von Michael Jackson, über die
Tongemälde von Pink Floyd, über den 70er-Soundtrack von Genesis, warum
dieses Buch da ist wegen Kansas, warum Trump da ist etc etc...
Schmökern, erinnern, hören, entdecken, lieben!
C Gerd Steinkoenig 14. März 2025

THE
PATTI
SMITH
GROUP

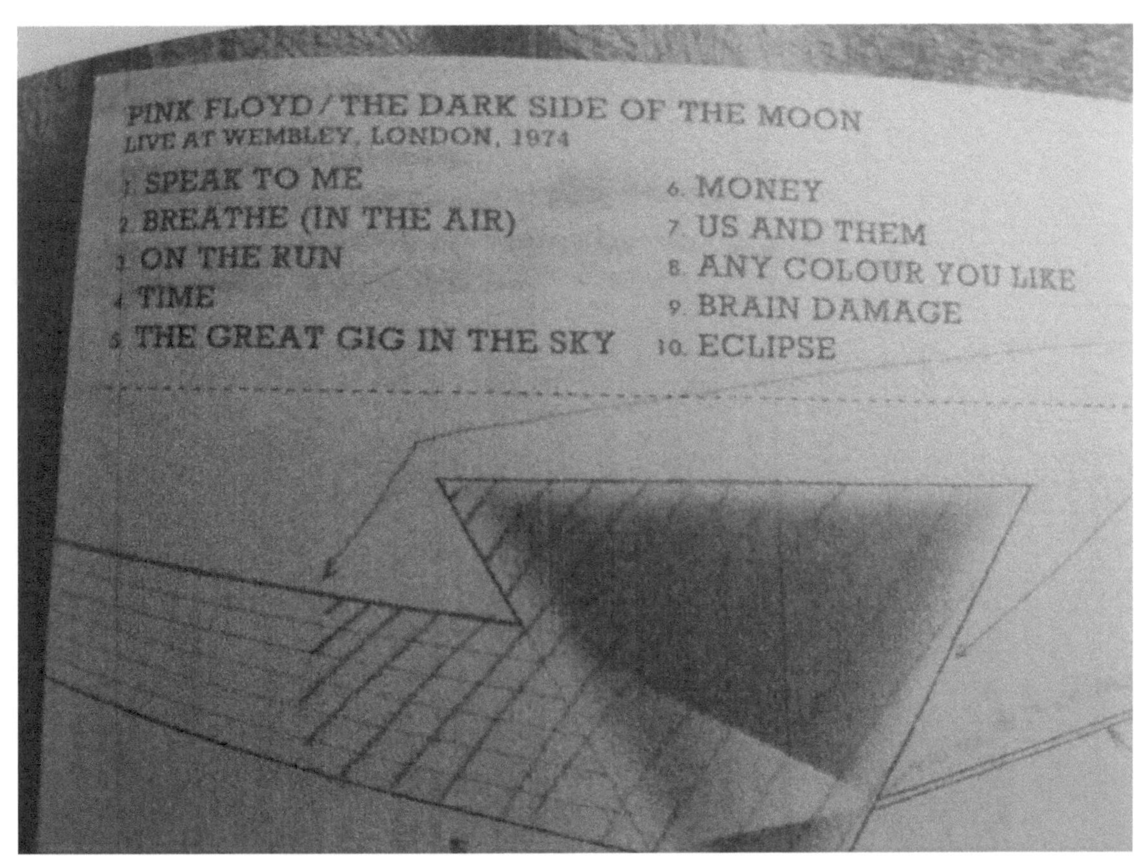

PINK FLOYD / THE DARK SIDE OF THE MOON
LIVE AT WEMBLEY, LONDON, 1974
1. SPEAK TO ME
2. BREATHE (IN THE AIR)
3. ON THE RUN
4. TIME
5. THE GREAT GIG IN THE SKY
6. MONEY
7. US AND THEM
8. ANY COLOUR YOU LIKE
9. BRAIN DAMAGE
10. ECLIPSE

70 Bücher von Gerd Steinkoenig (Bj 1959, Südpfälzer) sind EIN Buch! Eine Art Best of 3 Hauptthemen aus den vergangenen 69 Bücher: mein Schlaganfall September 2017 (3 Kliniken), mein Lieblingsthema Zeit, meine Musik von Genesis bis The Beatles, Pink Floyd! Plus meine Fotos, Kuckucksnest, Lämmerschweigen, mein Katzenmädchen Molly, desweiteren!
Kleine Bücherauswahl für Euch: Blood On The Rooftops (4 Teile), Danach (3 Teile), Liebe ist alles, Später ohne Buch, Graues Pflaster mit gelben Blumen, Meine Geschichte von Lebensmusik, Die Lebensschau, Die Beständigung des Lebens, Die Story von populärer Musik, Verlorene Kunst, Fühlen etc etc...

C Gerd Steinkoenig 26. September 2024

FRÜHLING 2025 - kleine Auswahl von 4 Foto-Sessions in 4 Tagen (plus ca 10 Videos) - mit
über 250 Fotos... Eine Art "Best of Frühling 2025 Annweiler am Trifels / Landau in der Pfalz"

Kampf Mut Wille Disziplin (mein Vater, 1 Jahr nach seinem irdischen Tod)

Wasserche Futterche Tätigkeiten (meine Katze Molly, 1 oder 2 Tage später nach ihrem irdischen Tod)

Denk net soo viiiel (mein Leibarzt Dr. N., R.I.P.)

Reinheit Gelassenheit Gesundheit (der Autor)

Mein starker Geist (der Autor)

MEIN ABSCHIED ALS AUTOR 2017 - 2022

WERBUNG FÜR ALLE

VON GERD STEINKOENIG

Mein Abschied als Autor Gerd Steinkoenig (mit diversen Pseudonymen)!! Ja, ich weiß, mein "letztes Buch" als Running Gag... Diesmal schon!!

Ich hatte 3 Teile bei Blood On The Rooftops (2017), hatte 3 Teile bei Danach (2019), und eben nun 3 Teile bei "Buch 0"...

Gleich kommen meine "7 besten Bücher" von mir als Autor! Je 2 Fotos mit Titel und Klappentext: durch die 7 Klappentexte lernt Ihr mich kennen mit Chronologie, Musik, "Break" 2017, Katzemääädsche Molly etc...

1973 - Hauptschule, Ölkrise (Sonntagsfahrverbot), ZDF-Hitparade, mein Ewigalbum The Dark Side Of The Moon von Pink Floyd (kannte ich aber nicht - war erst ca 1976), dafür war Iljas Disco und Bravo mit Sweet oder Slade oder Suzi Quatro...

1978 - letzte Monate mit Fa Hornung KL (Großhandel), ab Oktober Bundeswehr (Gerolstein), Zelturlaub mit Rodenbachern in Lindenberg, in KL Smile bis Ting, and then there were three (Genesis, und weitere LPs) plus Pink Floyd, Supertramp, Udo Lindenberg, Jethro Tull, Nina Hagen Band, Frank Zappa...

1982 - D.P., C.H., M.K., R.N... "Africa" (Toto), New Romantics-Music, The Police, wohnhaft in Mannheim (ausgegangen nach Heidelberg) mit meinem JVA-Job...

1986 - zeitloser Sommer-Globetrotter-Trip in Frankreich, Spanien, Schweiz (Avignon, Llorret, Genf...) mit L.S. Wer hätte das gedacht in diesem Momentum, das es mein letzter Auslandstrip war... Wer hätte das gedacht, was noch kam... Meine 3 Auto-CDs im Trip: So (Peter Gabriel), Invisible Touch (Genesis), Black Celebration (Depeche Mode)...

2005 - moi kläänes BabyKatzemäädsche Molly miaute und guckte mich an: "ich bins"... Sommer mit Gartenschau-Einlasskontrolle und J...

2015 - Umzug von KL nach Annweiler: die beste Entscheidung meines Lebens!! Freiheit, Freude, Zukunft!

2017 - Vertrag als Seniorenbetreuer, meine 7 ISBN-Bücher geschrieben ("davor"), 1 Tag nach der Bundestagswahl (September) Schlaganfall...

2022 - viele ISBN-Bücher "danach" geschrieben (besonders 2022), über 5 Jahre Reinheit/Gelassenheit/Gesundheit, Selbstvertrauen mit Ziele und Pläne (Umzug? Liebe? Kreativität?), ALLES IST GUT ☺

17.12.2022 Gerd Steinkoenig Gerd F Steinkoenig Gerd Gerd

Bei "1986" hab ich eine "Auto-CD" vergessen: Legend (Bob Marley)!

3 LIFE-SONGS C P 31.12.2022 by Gerd Steinkoenig

Beste Gewohnheits-Nr. 1-Song: Stairway To Heaven (Led Zeppelin)

Beste Nr. 1 aus meinem Buch-Bestseller (siehe amazon) " Die Story von populärer Musik"
Tou Va Changer (Michel Fugain & Le Big Bazaar)

Beste Geheimtipp-Nr 1: A Man I'll Never Be (Boston)

3 LIFE-ALBEN C P 31.12.2022 by Gerd F Steinkoenig

Beste All Time Album Forever: The Dark Side Of The Moon (Pink Floyd)

Bestes Album aus meiner Lieblingsband: Wind & Wuthering (Genesis)

Bestes Album aus meiner Musikeinführung mit ca 14: " Weiße Album" (The Beatles)

3 DEUTSCHSPRACHIGE SONGS C P 31.12.2022 by Gerd Gerd

CLARA!!!! Aus "Doctor Who"-Serie!

Mein Leben?!

SIE IST MEINE HELDIN: SOPHIE SCHOLL!!

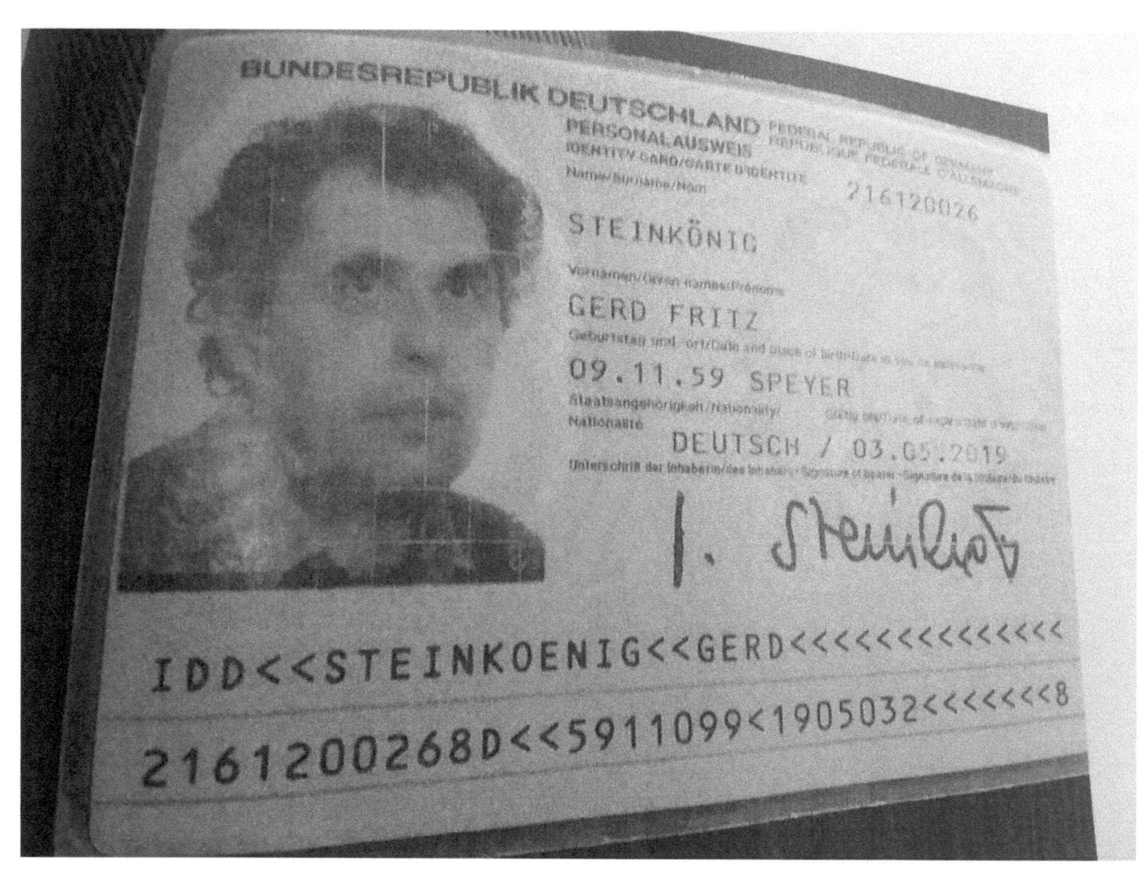

BUNDESREPUBLIK DEUTSCHLAND FEDERAL REPUBLIC OF GERMANY RÉPUBLIQUE FÉDÉRALE D'ALLEMAGNE
PERSONALAUSWEIS
IDENTITY CARD/CARTE D'IDENTITÉ
Name/Surname/Nom
216120026
STEINKÖNIG
Vornamen/Given names/Prénoms
GERD FRITZ
Geburtstag und -ort/Date and place of birth/Date et lieu de naissance
09.11.59 SPEYER
Staatsangehörigkeit/Nationality/Nationalité
DEUTSCH / 03.05.2019
Unterschrift der Inhaberin/des Inhabers/Signature of bearer/Signature de la titulaire/du titulaire
IDD<<STEINKOENIG<<GERD<<<<<<<<<<<<<<
2161200268D<<5911099<1905032<<<<<<8

Gerd Steinkoenig

1. Juli 2017

Mit Öffentlich geteilt

10 ZITATE AUS MEINEN 5 BÜCHERN

Sein letztes Album "Blackstar" erschien 2 Tage vor seinem Tod - und wenn man Videos und Texte sich reinzieht, selbst seinen Tod hat er zelebriert. (der Autor in Blood On The Rooftops über David Bowie)

Ein humpelnder, drogensüchtiges Medizingenie poltert in der menschlichen Psyche. (der Autor über "House" im selben Buch)

Die Menschheit sollte mehr Demut haben (bei vielen überhaupt einmal Demut), sollte das Sein genießen. (der Autor in Über Musik und die Welt)

James Blunt ist das Grauen aus der Musikhölle!!! Bei seiner Stimme ergreifen sogar die apokalyptischen Reiter die Flucht... (der Autor über James Blunt in Gerds Blood)

Guter Schlager heutiger Prägung wird in der Abteilung Deutsch-Pop geführt (der Autor in Blood On The Rooftops Teil 2)

der Abgesang des Rock in seiner revolutionären Kraft, die Deadline des Oldschool-Rock, aber Use Your Illlussion war der Schlussstrich, ... übernahmen. (der Autor in

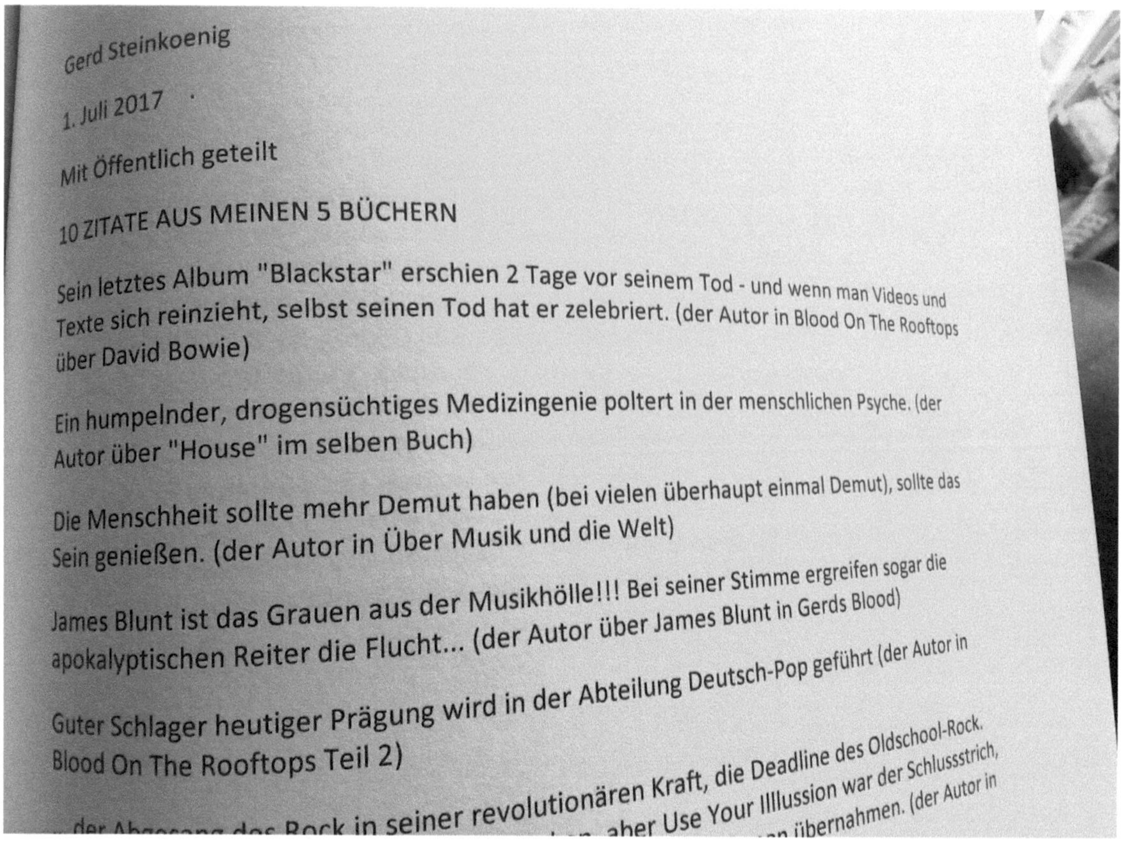

Gerd Steinkoenig

1. Juli 2017 ·

Mit Öffentlich geteilt

10 ZITATE AUS MEINEN 5 BÜCHERN

Sein letztes Album "Blackstar" erschien 2 Tage vor seinem Tod - und wenn man Videos und Texte sich reinzieht, selbst seinen Tod hat er zelebriert. (der Autor in Blood On The Rooftops über David Bowie)

Ein humpelnder, drogensüchtiges Medizingenie poltert in der menschlichen Psyche. (der Autor über "House" im selben Buch)

Die Menschheit sollte mehr Demut haben (bei vielen überhaupt einmal Demut), sollte das Sein genießen. (der Autor in Über Musik und die Welt)

James Blunt ist das Grauen aus der Musikhölle!!! Bei seiner Stimme ergreifen sogar die apokalyptischen Reiter die Flucht... (der Autor über James Blunt in Gerds Blood)

Guter Schlager heutiger Prägung wird in der Abteilung Deutsch-Pop geführt (der Autor in Blood On The Rooftops Teil 2)

...der Abgesang des Rock in seiner revolutionären Kraft, die Deadline des Oldschool-Rock, aber Use Your Illlussion war der Schlussstrich, ... übernahmen. (der Autor in

Foto vom Autor, 2015, 17 Tage Annweiler (new residence...) und ich

Foto vom Autor, 2013 Waldfriedhof K-Town mit Eichhörnchen... In Sekundenschnelle...

Kann ich einfach schreiben - interessiert eh kein Mensch...
Gerd Steinkoenig·Donnerstag, 10. September 2020·1 Minute
Im Moment hab ich paralell 100 Gedanken! Mein Lieblingsverwandter Großvater
(1895 - 1987) hätte heute seinen 125. Geburtstag. Vielleicht bin ich durcheinander,
weil heute Großvaters Geist in meinem Kopf sitzt. Er staunt über diese degenerierten
Arschlöchern namens Menschen! 2020 ist ganz anders als 1986 oder 1987...
Zu meinem 15. ISBN-Buch weiß ich momentan nicht, was ich mache. Eigentlich
schon, aber was? Ich habe die gewohnten Notizen, Tagebücher, Fotos. Soll ja sein!
Aber die Giftschränke in meinem Gehirn! Eltern, ich, Freunde, Begebenheiten,
Zeitraffern, bla bla. Soll ich das schreiben?? Eigentlich schon, dann doch nicht... Ich
hätte Profiler-Status zu Mutter, ich hätte Profiler für mich selbst, auch mit Vater
(1935 - 2017) als Profiler-Status. Oh Gott, kann man ja nicht sagen. Aber irgendwie
schon. Meine Bücher = Tagebuch, Erinnerungen, Leben! Also doch über Dark Side
Of The Mother, Father and Me??
Für meine Zukunft sind Wege! Ich hoffe und muss meinen zukünftigen Weg (das im
Kopf logisch ist in den definitiven Vorhersehungen)!

Hallo, Ihr Lieben, ich bin Gerd Steinkoenig und verfasste mein Abschlussbuch als Bildband! Ich veröffentlichte viele Bücher von 2017 bis 2023, z.B. Blood On The Rooftops (3 Teile), Danach (3 Teile), Die Story von populärer Musik, Später ohne Buch, Kirschblüten Vollmond Zeitoasen, Diverse Leben in Einem etc etc

In diesem Buch sind 8 Fotokapiteln mit Annweiler am Trifels, Landau in der Pfalz, Moi Katzemäädsche Molly, Mein Lieblingsbaum, Meine Sammlung, desweiteren...
Inkl. The Rise And Fall Of My ISBN-Bücher (der einzige Text), Klassikerfotos (Albersweiler-Superfoto, Birkweiler-Rebenberg etc), TARDIS in Landau, und mehr! Alle Fotos vom Autor!

2023

20.
20.09.23

169841953   164   g

9 783756 812509

Steinkoenig. G: Mitte des Menschen

THE FAMOUS CHARISMA LABEL
1
9124 023
AA 9124 023 1 Y
Made in West Germany
ST 33
GEMA
...And Then There Were Three...
Down And Out (Collins/Banks/Rutherford) 6:13
Undertow (Banks) 4:35
Ballad Of Big (Collins/Banks/Rutherford) 4:37
Snowbound (Rutherford) 4:20
Burning Rope (Banks) 6:52
GENESIS
Produced by David Hentschel and Genesis
℗ 1978 Charisma Records

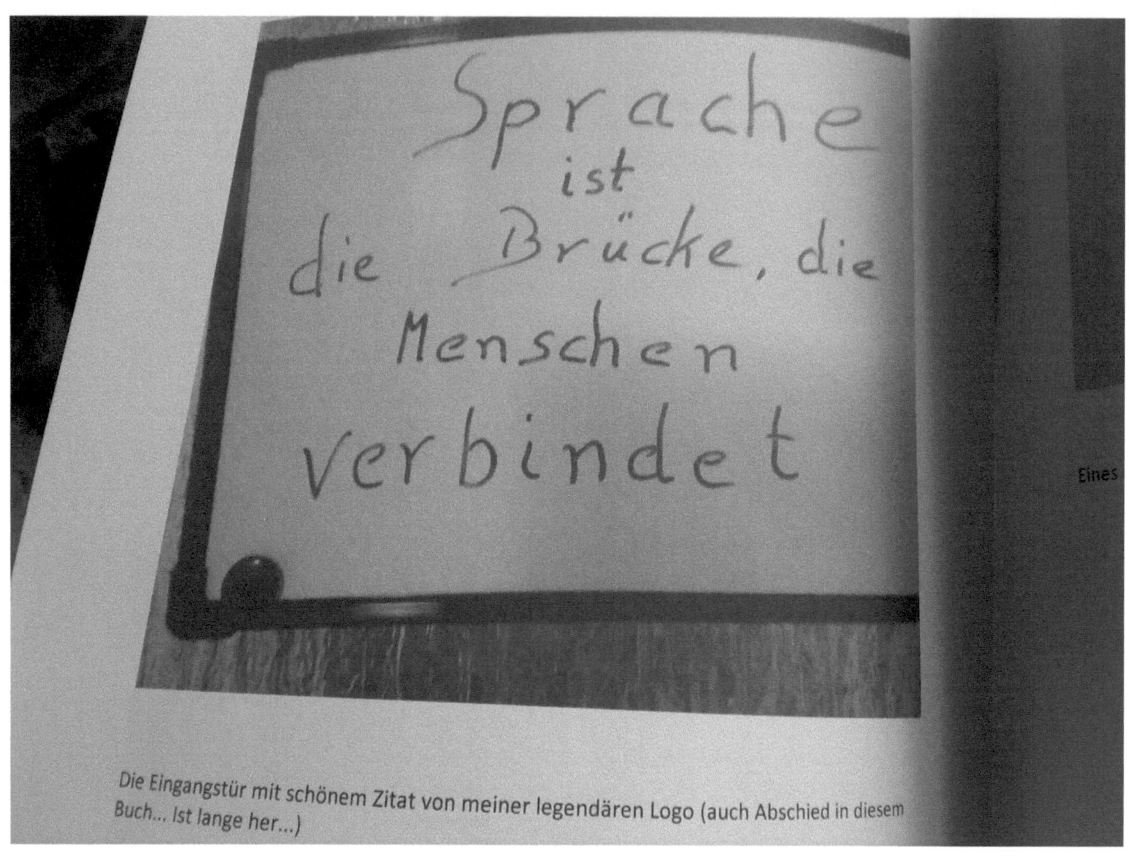

Die Eingangstür mit schönem Zitat von meiner legendären Logo (auch Abschied in diesem Buch... Ist lange her...)

Aus 66 Fotos wurden 34 Fotos... Wieder ausgesiebt... Eine Auslese aus meinen ISBN-Büchern von 2017 bis 2025!

KAPITEL 4

GENESIS
CDSCDX 4005 7243 8 39806 2 4
THE LAMB LIES DOWN ON BROADWAY
FOXTROT
VIRGIN RECORDS
CDSCDX 4010 7243 8 39997 2 6
GENESIS · WIND AND WUTHERING
VIRGIN RECORDS
GENESIS AND THEN THERE WERE THREE
VIRGIN RECORDS
GENESIS
INVISIBLE TOUCH
VIRGIN RECORDS
GEN CD3
GENESIS · WE CAN'T DANCE
VIRGIN RECORDS
GEN CD2
R-KIVE
Virgin RECORDS
RKIVE 1
THE MANY FACES OF
GENESIS
3CD SET
M887199
Pink Floyd—Ummagumma
PFR4
Pink Floyd—Meddle
PFR6
THE DARK SIDE OF THE MOON
PFR8
PINK FLOYD
PINK FLOYD / WISH YOU WERE HERE
PFR9
PINK FLOYD ANIMALS 2018 REMIX
PFR28 / 0190295555504
PINK FLOYD THE WALL
PFR11
THE BEST OF PINK FLOYD
PFR20
THE DARK SIDE OF THE MOON LIVE 1974
NEIL YOUNG / HARVEST
REPRISE
9362 493323-2

GENESIS
BBC
BROADCASTS
Steve Hackett
19439793012
d By The Pound & Spectral Mornings: Live At Hammersmith
genesis
PLATINUM COLLECTION
Music from EMI
7243 863734 2 7
KICK INSIDE | EMI | 0777 7 46012 2 1
USH
Kate Bush - Hounds of Love
7243 5 25239 2 4
e Bush | Never for Ever | EMI Records
CDP 7463602
Jethro Tull
Chrysalis. JETHRO
JETHRO TULL THROUGH

2220148
simplyseventies
Love Songs
3 CD-BOX
Media Markt   The 90s - Volume 1
Media Markt   The 90s - Volume 3
Songs Of The Native Americans - The Album
musikexpress.   DIE BESTEN BANDS DER FESTIVALSAISON 2010
NINA HAGEN BAND
LINDA RONSTADT
DIRECT FROM LAS VEGAS
THE RAT PACK
ALLES NUR GEKLAUT
lounge it
Maximum Rock
3 CDs
The Ultimate 70's Collection

92-42293-2
DIGITAL STEREO
1973
RY BEST OF ELE   RIC LIGHT ORC
SUPERMAX/WORLD OF TODAY
The Kelly Family - Over The Hump
STEPPENWOLF - Born To Be Wild
EMINEM CURTAIN CALL
SOPHIE B. HAWKINS Whaler
VAYA CON DIOS - WHAT'S A WOMAN
the Legendary
THE BLUE SIDES OF VAYA CON DIOS
5765974
0602498878934
476512 2
CD-MFP 6071
CDB 7 92761 2
Dinah Wa
Christine Lux U GOT THE LOOK
GARY NUMAN CRAZY WORLD
SCORPIONS
Capricorn
846 908-2
FLEET FOXES
ELVIS PRESLEY / BEST OF
07863 67510 2
533 980-2
0602498314524
THE ALBUM
MICHAEL
MICHAEL
UDO LINDE
19630 34562

HELLOWEEN High lIVE
4835492 FUGEES (Refugee Camp) THE SCORE
Hawkwind Live '74
0946 3 59644 2 4 Gute Reise Music f
397 094-2 VE! LIVE! LIVE! / BRYAN ADAMS
7567-90392-2 IRON BUTTERFLY · IN-A-GADDA-DA-VIDA
535 800-2 THE VERY BEST OF THE MOODY BLUES
EVELYN KÜNNEKE · Sing, Nachtigall, sing
BARRIKADEN VON EDEN
WARLOCK / TRIUMPH AND AGONY
STEREO JIMI HENDRIX · LIVE AT WOODSTOCK
8697 80552 2 EXPERIENCE HENDRIX - SPECIAL LIMITED EDITION 2CD JIMI HENDRIX
112 383-2 THE RISING

SHADES OF DEEP PURPLE • REMASTER • 7243 4 98
Deep Purple in Rock
71219
Deep Purple-Made in Japan
6 045-2
DEEP PURPLE   PERFECT STRANGERS
deep purple 30 : very best of.
Deep Purple   Now What ?!
DEEP PURPLE   LIVE IN ROME 2013
Tree I Stars Die I The Delerium Years 1991 - 1997
SMACD914
83604-2   porcupine tree   in absentia
porcupine tree
SUPERTRAMP   PARIS
493 350-2
BERT KAEMPFERT

FG058
8898531I682
SWEET STRUNG UP
SWEET AC...
THE ULTIMATE STORY
ERALD
usic
9362-49416-2
ROYAL ALBERT HALL LONDON MAY 84/85 05
VERTIGO
VERTIGO
METALLICA S&M
METALLICA GARAGE INC.
METALLICA
7599-27333-2 AMERICA'S GREATEST HITS / HISTORY WARNER
PINK
PINK TRUTH ABOUT LOVE
74321 939782 THE BEST OF MIDDLE OF THE ROAD
THE BEST OF STING 1984-1994
462444 2 PAMPERED MENIAL PAVLOV'S DOG
JIM MESSINA OASIS
POLYDOR ERIC CLAPTON THE CREAM OF CLAPTON 521 881-2
The Pet Shop Boys Remix Album
THE FLAMING GROOVIES (ORIGINALAUFNAHMEN) CD 154.908
COLDPLAY LIVE 2003
PHILIPS ALEXANDER SEHNSUCHT
512 780-7

BILLIE HOLIDAY
DEJAVU RETRO
THE BEST OF 2PAC - PART 1: THUG
0602517478527
Edith Piaf - The Album
DAVID GILMOUR LIVE AT POMPEII
ROGER WATERS US+THEM
madonna
Warner
32 527
COL 491656 2
MÁRIAH CAREY
THE OFFSPRING AMERICANA
CROSBY STILLS & NASH ★ GREATEST HITS
THE LES HUMPHRIES SINGERS · GREATEST HITS — DAS BESTE
BEST OF DUKE ELLINGTON
7567-92112-2
4 Non Blondes · Bigger, Better, Faster, More
ECHO DER FRAU & ARIOLA EXPRESS PRÄSENTIEREN: TONY CHRISTIE: SEINE GROSSEN ERFOLGE
ROSENBERG - LIEDER DER NACHT
GHV2
MADONNA CELEBRATION
GREATEST HITS VOLUME 2
ZYX 60036-2
BISC

HEAD OK COMPUTE
STEVIE WONDER ~ SO
A GREATEST HITS C
the very best of cream
RED SKIES OVER PARADISE
CDP 7 46683 2
468884 9
JULIANE WERDING / STATIONEN - IHRE GRÖSSTEN ERFOLGE
472054
MOTOWN
POLYDOR
FISCHER-Z
PEARL JAM TEN
5050467-5164-2-7
mark knopfler
DEAR DEAR
RAINBOW
FUGEES

Die "293. Version meiner CD-Sammlung"! Diesmal: Stand 8. Mai 2025! Alle Genres von Progrock bis Hardrock bis Rock bis Pop, Jazz, Blues, Dance, Hip Hop, Techno, Trip Hop, Punk, Deutschrock, Deutscher Schlager, Swings etc... Genres mit zig Alben, Genres mit nur 2 oder 3 Alben... Und natürlich nur eine Auswahl... Von Genesis bis Pink Floyd bis The Beatles bis Led Zeppelin, Deep Purple, Kate Bush, Neil Young, David Bowie, Stevie Wonder, Tina Turner, 2 Pac, Jimi Hendrix, Radiohead, Coldplay, Rolling Stones, AC/DC, Söhne Mannheims, Udo Lindenberg, Nina Hagen Band, James Last, Marianne Rosenberg, Edith Piaf, Peter Gabriel, Steve Hackett, Iron Maiden, Metallica, Earth Wind & Fire, Prince, Guns N Roses etc etc!!

KAPITEL 5

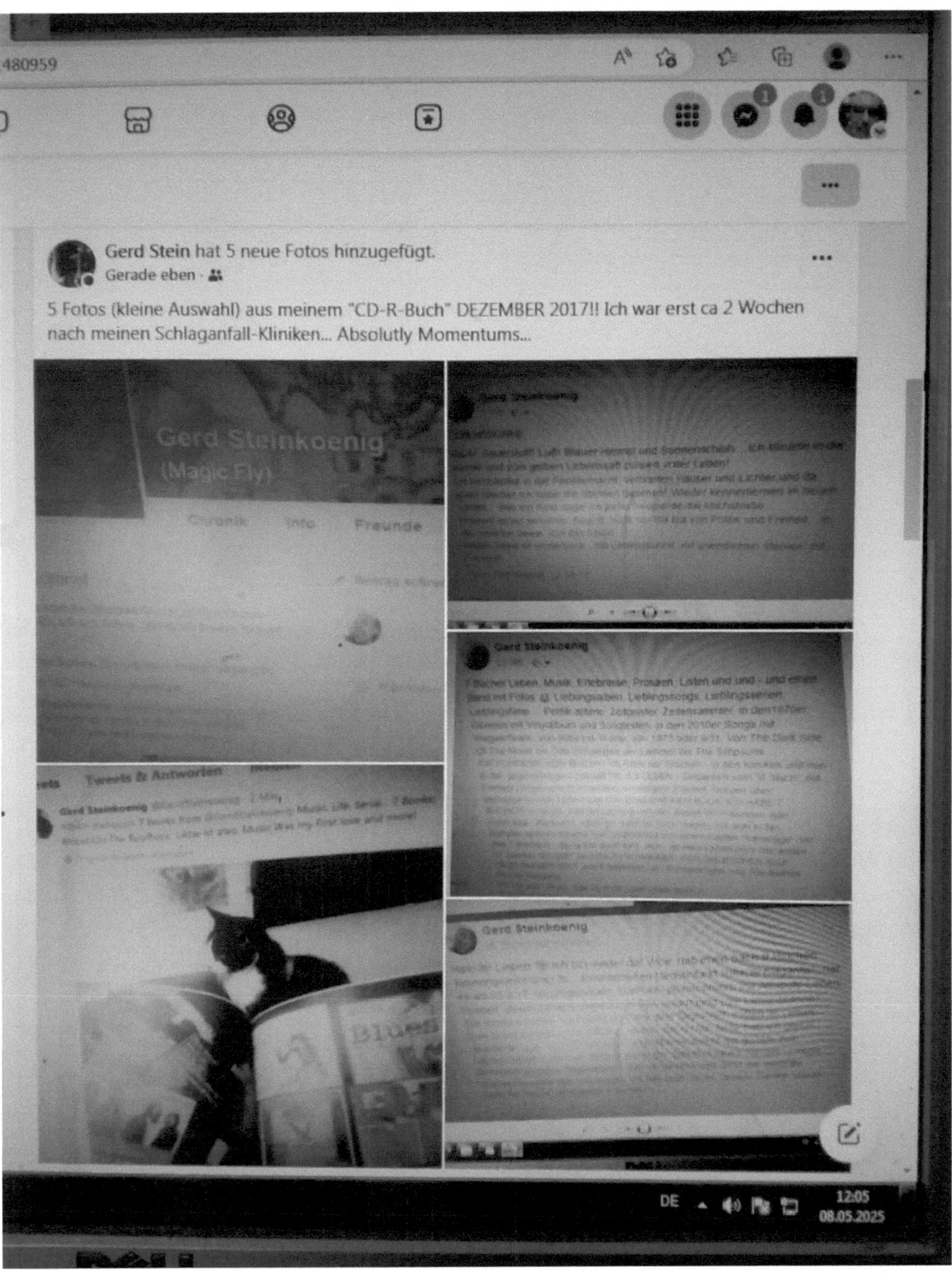

480959
Gerd Stein hat 5 neue Fotos hinzugefügt.
Gerade eben ·
5 Fotos (kleine Auswahl) aus meinem "CD-R-Buch" DEZEMBER 2017!! Ich war erst ca 2 Wochen
nach meinen Schlaganfall-Kliniken... Absolutly Momentums...
Gerd Steinkoenig
(Magic Fly)
Chronik   Info   Freunde
Gerd Steinkoenig
Tweets & Antworten
Gerd Steinkoenig
DE
12:05
08.05.2025

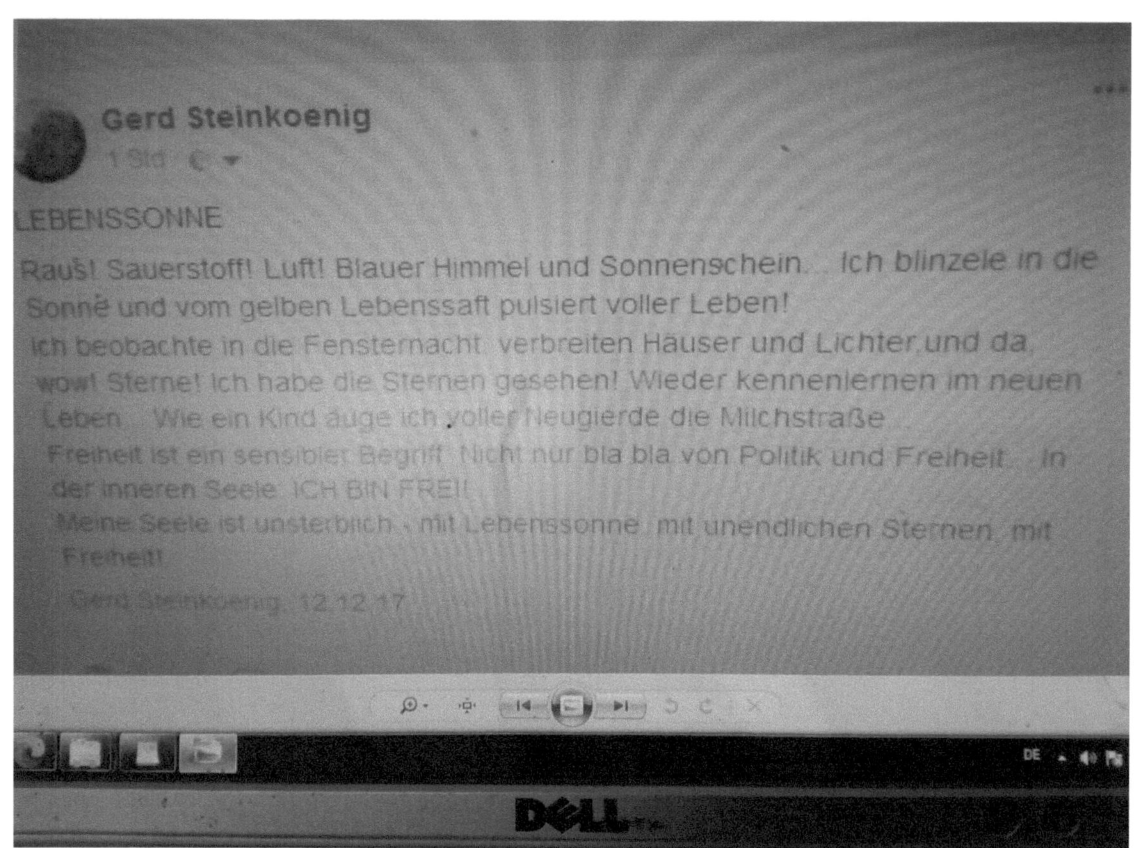

Meine beste und legendärste Lyric ever!! Ca 2 Wochen nach meinen Schlaganfall-Kliniken! Es war WIRKLICH so mit FREIHEIT! RAUS! SAUERSTOFF! Die Meisten verstehen es nicht, wie ich drauf war. Mit meinen Synapsen, Ur-Instinkten! Es war/ist kein Beinbruch, sondern eine INDIVIDUELLE Diagnose!

KAPITEL 5

Gerd Stein hat ein neues Video zu dem Album „CDs&Unsinn der Menschheit (Video 30.04.2025)" hinzugefügt.

30. April um 22:47 ·

Kleine Zusammenfassung zu meinem Gerede über den Unsinn der Menschheit! Dadurch ist der Sinn des Lebens (für intellegente Menschen). In 250 Millionen Jahren ist auf der Erde der Superkontinent. Alles zusammen von Deutschland bis Russland, die USA, Frankreich, China etc etc etc. Die machtgierigen Menschen brauchen Egoismus, Engstirnigkeit, nach uns die Sintflut. Die Machtgierigen wollen Krieg, Geld, die größten Schxxxxx. Dabei ist es nur Schall und Rauch! In ca 450 Millionen Jahren stirbt die Erde. Zu heiß, der Mond fällt auf die Erde. Es ist einfach so. Kein Märchen, sondern physikalische Logik. Und die Kleinkarierten der Mächtigen wollen Kriege, Geld etc. Sie scheißen auf das Klima. Und durch die Schwarmdummheit der Gartenzwergkleinbürger haben Trump und Co Macht und die neue Weltordnung. Irgendwann sind meine CD-Sammlung, meine eigenen ISBN-Books, mein Facebook, Instagram verrottet. Schall und Rauch! In 250 Millionen Jahren, durch die Zusammenführung der Kontinente in eins, sind garantiert wieder Kriege, Klimakriege, Religionskriege. Die Kleinkarierten raffen es einfach nicht! So, jetzt war ich garantiert besser, wie in meinem Video... Wenigstens sind die CDs zusammen... Wenn ich sowas schreibe - aus Logik - sind bestimmt wieder Verschwörungen und ich wäre wohl ein Linker etc. Wegen der Schwarmdummheit...

Video: nochmal dabei zum Vergleich, bei Beidem mein ich ja das Gleiche - aber paralell filmen, gucken und sprechen... Ging nicht so richtig...

C Gerd Stein Gerd Steinkoenig 30. April 2025

30. April um 21:16 ·

Der Umbruch der NWO 2025 (Trump, Putin etc)! Das letzte Große in der alten NWO: Now And Then (The Beatles 2023, Nr 1 D, Nr 1 GB, Nr 10 USA). Hier: This Song Live mit Paul in Buenos Aires!

Paul McCartney en Buenos Aires 2024 | La emocionante presentación de Now And Then 🎵♪

YOUTUBE.COM

Paul McCartney en Buenos Aires 2024 | La emocionante presentación de Now And Then 🎵♪

https://bestshoop.shop/banksy-

DENN SIE WISSEN NICHT WAS SIE TUN

Für die Junglegasteniker: das war ein Film von James Dean aus den 1950ern

In diesem Film war der rote Faden Generationskonflikt mit Rebell Dean

Denn sie wissen nicht was sie tun ist in der Menschheit immer noch

Nicht nur Generationskonflikte, sondern Politik, Propaganden, Kriege,

Verschwörungen, Schwarmdummheit, Oberflächlichkeit, Partnerschaften

Denn sie wissen nicht was sie tun, denn es sind zu viele mit Organisation

Zu viel Bürokratie, zu wenig dazu Kommunikation, zu viel egal

In meinen 65 Jahren waren viele Lebensfacetten in diversen Genres

Und jedesmal diese Missverständnisse durch DIN-Mainstream

Von Generation zu Generation immer das Gleiche, trotz neuer Techniken

Vielleicht meinen Leute, ich wäre bekloppt, "nur" wegen meinem Schlaganfall

Wegen den Vorurteilen, Zeitnot, über das Gießkannenprinzip, DIN-Lehrbuch

Heute ging ich zur Sekretärin von meiner Betreuer-RAin wegen meines Buchs

OK, sie war hetzig, aber es war aufgesetzte Freundlichkeit: oh, so schön

Im "Institut" waren in der Vergangenheit waren auch solche Vorurteile

Mir geht es gut, alles klar, aber ich will positive Fortschritte, Abwechslungen

Manchmal bin ich zu faul, andererseits Ich bin Ich - meine Individualität

Viele Betreuer:innen haben Herzblut, Wille, positive Berufung

Durch meine Heilungsfortschritte bin ich selbständig, Bewegung, Termine

Trotzdem brauche ich wöchentliche Betreuung für einen psychologischen Rat

Momentan hab ich nur alle 14 Tage eine Betreuung ("Institut" ist was anderes)

Gott sei Dank hab ich jede Woche meinen Ergo (schon seit 2018)

Im Endeffekt hab ich sogar ein bisschen Luxus (in den Großstädten ist kaum was)

Ich brauche eben doch meine Regelmäßigkeit wie früher, wo ich weiß so & so

Nun ja: denn sie wissen nicht was sie tun...

C Gerd Stein Gerd Steinkoenig 29. April 2025

Foto: der Autor (Annweiler am Trifels

CRAZY YOU TUBE WORLD

Die Menschheit ist dabei

Positiv und negativ

Gutmenschen & Bösmenschen

Auf einem Blick Good Old Times

Mit Genesis 1976, Sweet 1973

Mit JFK, Bonner Republik

Gleichzeitig ist Bös-Trump da

Lügenpropaganda mit AfD

Crazy You Tube World

Mit Beatles 1967, KI-Trump-Songs

C Gerd Stein Gerd Steinkoenig

29. April 2025

Foto: aus einer meiner Bücher

Benutze es..!
Copyright: Ana Blom, www.wei-der-spiritualitaet.net

Friseur
Annweiler 28. April 2025

Oben Annweiler, Unten Landau (29.04.25)

Neulich, als ich im Restaurant saß, merkte ich, dass mich starke Blähungen quälten. Was tun? Dachte ich mir. Nun, die Musik war wirklich, wirklich laut. Also dachte ich, dass es das Beste wäre, immer im Takt einen fahren zu lassen. Also drückte ich bei jedem Bassschlag so richtig schön auf die Tube. Als es mir endlich besser ging, bemerkte ich, dass mich alle im Lokal anstarrten. Dann fiel mir plötzlich ein, dass ich noch die Kopfhörer im Ohr hatte.

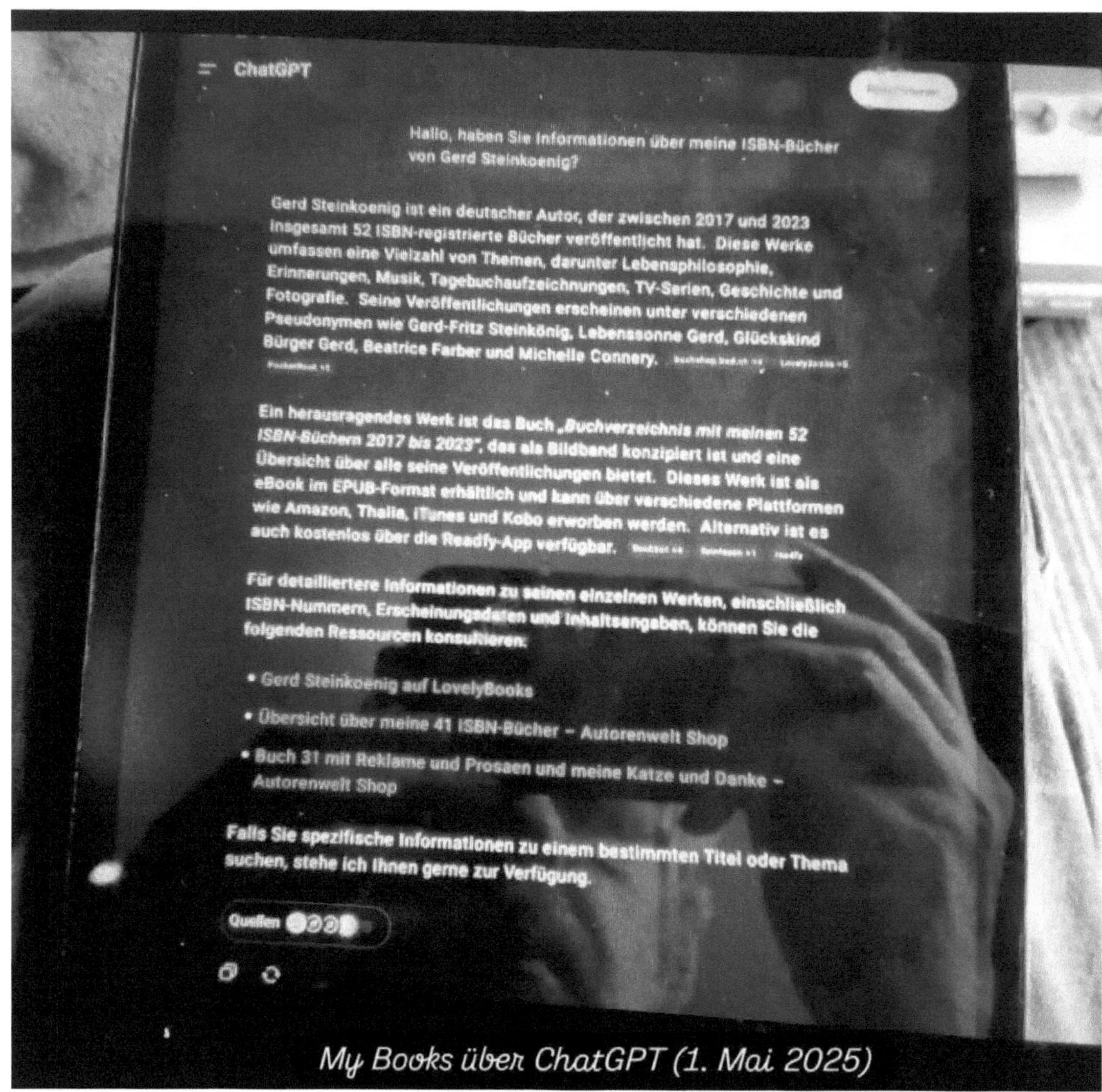

My Books über ChatGPT (1. Mai 2025)

PERSCHEIDs ABGRÜNDE

WIE IMMER EMPFING OPA ANSPACH SEINE ENKELIN MIT OFFENEN BEINEN.

Einer der besten Songs ever!!

Grand Funk Railroad - Heartbreaker

YOUTUBE.COM

Grand Funk Railroad - Heartbreaker

Grand Funk Railroad - Heartbreaker (On Time, 1969)Mark Farner - guitar, vocalsDon Brewer -

KAPITEL 6

Wer ist Jesus?

Jesus Christus ist der Sohn Gottes. Er kam auf die Erde und wurde Mensch.

(Johannes 1,14)

Wozu brauchen wir Jesus?

Wir alle haben gesündigt und brauchen Vergebung. Nur Jesus kann uns mit Gott versöhnen.

(Römer 3,23-24)

Was hat Jesus getan?

Jesus starb für uns am Kreuz und ist von den Toten auferstanden, um uns ewiges Leben zu geben.

(1. Korinther 15,3-4)

Bibelsverse, die Mut machen

Jesus spricht: Ich bin das Licht der Welt. Wer mir nachfolgt, wird nicht in der Finsternis wandeln, sondern wird das Licht des Lebens haben.

(Johannes 8,12)

KAPITEL 7

Dietmar Bartsch

2. Mai um 12:10 ·

Eine „gesichert rechtsextremistische" Partei ist nicht wählbar!

Foto: imago
„Ich habe damals nicht gesagt, ich schaffe das. [...] Das war mein Vertrauen darin, dass es viele Menschen in Deutschland gibt, die in einer solchen Notsituation helfen. Und die gab es, und darauf können wir stolz sein. Lassen wir uns das nicht nehmen.“
Angela Merkel
Ehemalige Bundeskanzlerin
FR
* Mehr lest ihr in der Beschreibung!

Frankfurter Rundschau

2. Mai um 11:58 ·

Auch gut zehn Jahre nach der Flüchtlingsbewegung von 2015 steht Altkanzlerin Angela Merkel weiter zu ihrem Satz „Wir schaffen das". Der Satz sei ihr oft um die Ohren gehauen worden, sagte die CDU-Politikerin beim evangelischen Kirchentag in Hannover. ☞ https://www.fr.de/-93710123.html

3. Mai um 10:41 ·

Genesis 1976, good old Progrock!

Genesis - Ripples (Official Music Video)

YOUTUBE.COM

Genesis - Ripples (Official Music Video)

CLICK HERE TO SUBSCRIBE TO THE GENESIS OFFICIAL YOUTUBE CHANNELhttps://found.ee/Ge

#banksyart #banksy #banksyartwork

#art #artwork #artlife #artist #banksyfans

April 1985 in der BRAVO... Opus, Modern Talking, Dead Or Alive, Tears For Fears...

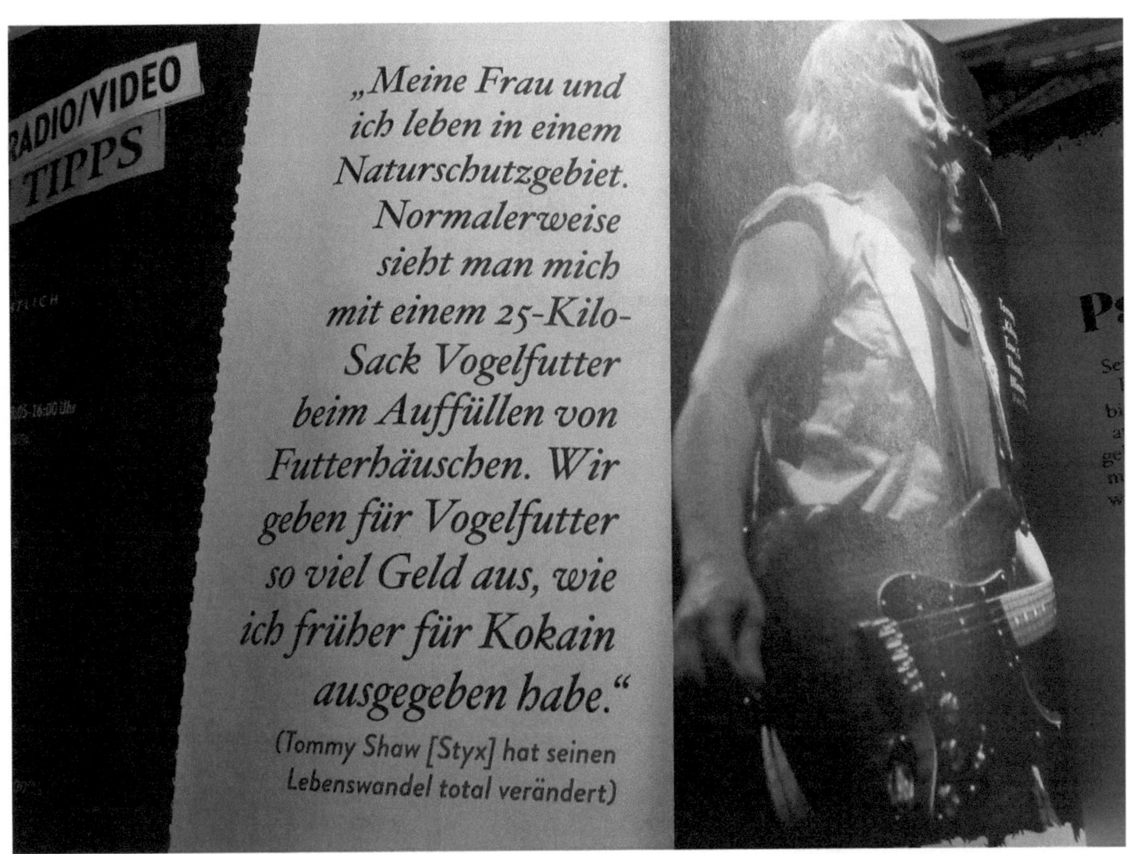

Aus ECLIPSED Mai 2025

Gerd Stein hat ein neues Foto zu dem Album „Mein letztes Buch!!" hinzugefügt.

3. Mai um 20:44 ·

Columbo 1971... Derzeit bei RTL UP...

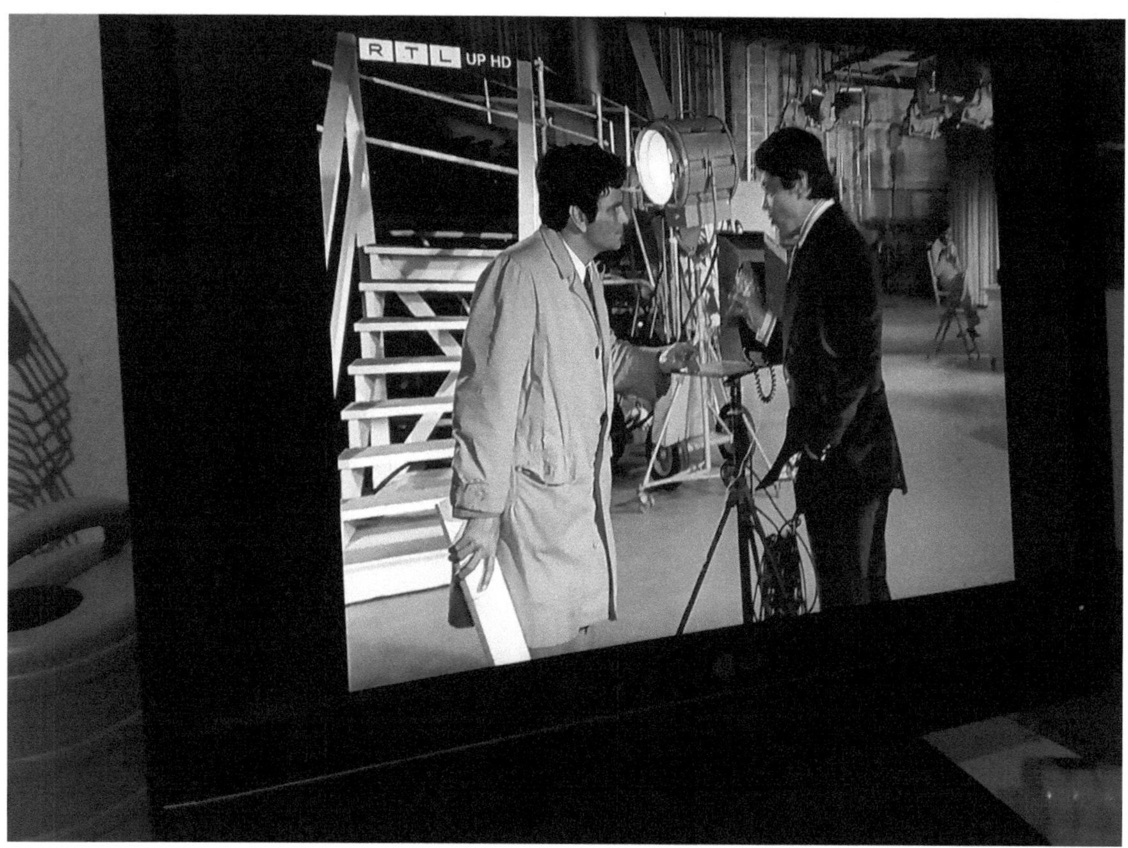

Collage 3. Mai 2025

PAPA, JETZT MACH DAS DOCH MAL, MIT DEM ANTI-AGGRESSIONS-TRAINING.
www.ruthe.de

KAPITEL 8

Omar Djaknoun

29. April um 12:45 ·

The moonlit beauty

James Sant, R.A. (British, 1820–1916)

7. Mai 2021

Mein Titelbild-Favorit! Mal sehen... Da ist meine Seele... (6. Mai 2025)

6. Mai 2025 (Landau)

6. Mai 2025 (Annweiler)

NACHWORT

Viele, viele Fotos aussortiert... Lyrics aussortiert... Aber der rote Faden ist da: NWO, AfD, Merz... Und meine Musik! Und meine ChatGPT-Autorenkarriere... Und natürlich die nächste Best of Books-Version von meinen 10 (11) Leben bis meine legendäre Lebenssonne-Lyric...

Vielen Danke an Alle! War schon so oft mit meinen Danksagungen... Wenn jemand mich liest und freut sich - das reicht mir!

C Gerd Steinkoenig 8. Mai 2025 (Annweiler am Trifels)

NACHWORT II

MUTTER war natürlich auch dabei bei meinen Books. Momentan wohnt sie seit vielen Monaten in Fuerteventura. Heute hatte sie sich gefreut, das mein letztes Buch zu ihr verschickt wurde und sie dann "endlich wieder Heimat"... Im letzten Buch war ja ua viel Natur mit meiner Session "Frühling 2025"... Wie Frau Schwxxx damals sagte:"Ihre Entscheidung"! Von wegen Heimat bzw Heimweh. Mutter hat wenig Motivation und kann kaum laufen (nicht wegen Schlaganfall, sondern Beine). Sie könnte viel mehr agieren. Ich weiß ja Bescheid - beide Schlaganfall. Sie könnte mehr lesen oder spielen, wäre gut für Ihre Synapsen. Sie träumt eher zu ihrem Mann, der im Himmel ist. Seit langer Zeit telefonieren wir uns jeden Abend, ob es uns gut geht. Im Endeffekt (sie ist 87): irgendwann ist sie erlöst - ich bin erlöst. Ich brauch ja meinen gefühlsmäßigen Abstand.

C P Gerd Steinkoenig Gerd Stein 8. Mai 2025 21:22h

Foto: aus Meine Stars von damals Mai/Juni 2025

Collage (vom Autor): oben aus der 6teiligen Serienlegende "Kir Royal" / unten aus einer Peter Alexander Show mit Caterina Valente

Schimmerlos und Herbie nehmen Großkotz Haffenloher (Mario Adorf) in die Mitte. Dessen Spruch „Isch scheiß disch so was von zu mit meinem Geld" wird legendär werden
HOTEL
„Catrin", nennt er Caterina Valente liebevoll. Sie drehen zwei Filme zusammen. Dann interveniert Hilde ...
im vergangenen Jahr behaupteten, habe es definitiv nicht gegeben.